प्रतिनिधि कविताएँ

भारतभूषण अग्रवाल

जन्म : 3 अगस्त, 1919, तुलसी जयंती, मथुरा।

देहावसान : 23 जून, 1975, कबीर जयंती, शिमला।

शिक्षा : आगरा विश्वविद्यालय से अंग्रेजी में एम.ए. 1941। दिल्ली विश्वविद्यालय से हिन्दी में पी-एच.डी. 1968।

विवाह : 14 फरवरी, 1943 बिन्दु अग्रवाल के साथ।

सन्तान : दो बेटियाँ—अन्विता अब्बी, अर्पिता मिश्रा, एक बेटा—अनुपम भारत।

कार्यक्षेत्र : समाज सेवक (कलकत्ता) के संपादक (1941-42), कलकत्ता तथा हाथरस के व्यावसायिक-औद्योगिक संस्थानों में उच्च पदस्थ कर्मचारी (1942-47), कुछ दिन 'प्रतीक' (इलाहाबाद) में रहने के बाद आकाशवाणी के कार्यक्रम अधिकारी (1948-59), साहित्य अकादमी, नई दिल्ली में उपसचिव (1960-74), उच्चतर अध्ययन संस्थान, शिमला में विजिटिंग फैलो (1975)।

रचनाएँ : *काव्य-संग्रह* : छवि के बन्धन (आलोक मन्दिर, 1941), जागते रहो (हिन्दी ग्रन्थागार, 1942), तारसप्तक (सहयोगी संकलन, प्रतीक प्रकाशन, 1943), मुक्ति मार्ग (प्रतीक प्रकाशन, 1947), ओ अप्रस्तुत मन (राजकमल प्रकाशन, 1958), कागज के फूल (तुक्तक, भारतीय ज्ञानपीठ, 1963), अनुपस्थित लोग (लोकभारती, 1965), एक उठा हुआ हाथ (लोकभारती 1970), उतना वह सूरज है (नेशनल पब्लिशिंग हाउस, 1977), बहुत बाकी है (पराग प्रकाशन, 1978)। *नाटक* : पलायन (आलोक मन्दिर, 1942), सेतुबन्धन (सरोज प्रकाशन, 1955), और खाई बढ़ती गई (भारतीय ज्ञानपीठ, 1956), अग्नि-लीक (राजकमल प्रकाशन, 1976), पलायन (नेशनल पब्लिशिंग हाउस, 1982), युग-युग या पाँच मिनट (नेशनल पब्लिशिंग हाउस, 1983)। *निबन्ध और आलोचना* : प्रसंगवश (राजकमल प्रकाशन, 1970), हिन्दी उपन्यासों पर पाश्चात्य प्रभाव (शोध-प्रबन्ध, ऋषभचरण जैन एवं संतति, 1971), कवि की दृष्टि (द. मैकमिलन कम्पनी ऑफ इंडिया, 1978)। *ललित निबन्ध* : लीक-अलीक (राजपाल एंड संस, 1980)। *उपन्यास* : लौटती लहरों की बाँसुरी (राजपाल एंड संस, 1964)। *कहानी* : आधे-आधे जिस्म (सम्भावना प्रकाशन, 1978)। *बाल साहित्य* : किसने फूल खिलाए (ओंकार प्रेस, 1956), मेरे खिलौने (पराग प्रकाशन, 1980), भाषा ज्ञान (कपूर पब्लिकेशन, 1964)।

प्रतिनिधि कविताएँ

भारतभूषण अग्रवाल

संपादन
अशोक वाजपेयी

राजकमल पेपरबैक्स

राजकमल पेपरबैक्स में
पहला संस्करण : 2004
चौथा संस्करण : 2024

राजकमल पेपरबैक्स : उत्कृष्ट साहित्य के जनसुलभ संस्करण

राजकमल प्रकाशन प्रा. लि.
1-बी, नेताजी सुभाष मार्ग, दरियागंज
नई दिल्ली-110 002
द्वारा प्रकाशित

शाखाएँ : अशोक राजपथ, साइंस कॉलेज के सामने, पटना-800 006
पहली मंजिल, दरबारी बिल्डिंग, महात्मा गांधी मार्ग, प्रयागराज-211 001
1, अनमोल सोराबजी संतुक लेन, धोबी तलाव, मरीन लाइंस, मुम्बई-400 002
वेबसाइट : www.rajkamalprakashan.com
ई-मेल : info@rajkamalprakashan.com

बी.के. ऑफसेट
नवीन शाहदरा, दिल्ली-110 032
द्वारा मुद्रित

मूल्य : ₹199

PRATINIDHI KAVITAYEN
Representative Poems of Bharatbhushan Agrawal
Edited by Ashok Vajpeyi

ISBN : 978-81-267-0926-7

भूमिका

भारतभूषण अग्रवाल उन कवियों में से हैं जो लगभग साठ वर्ष पहले 'तार सप्तक' में शामिल सात कवियों में से एक के रूप में ध्यानाकर्षण की परिधि में आए। उस समय तक हिन्दी कविता में साधारण जीवन, उसके खट्टे-मीठे अनुभव, रोज़मर्रा की घटनाएँ और उनके मर्म आदि कविता के भूगोल में केन्द्रीय नहीं हुए थे। अनेक नई चुनौतियों और नए दबावों-तनावों में फँसी भारतीय आधुनिकता तब एक नया और निर्णायक मोड़ ले रही थी। छायावाद ढलान पर था और छायावादोत्तर कविता की भावुकता नई जटिलताओं को कविता में प्रगट करने के लिए अपर्याप्त लग रही थी। मध्यवर्ग के कवि अपनी कल्पना और कौशल को अपने जीवन, अपने आत्मसंघर्ष, अपनी सामाजिक ज़िम्मेदारी, अपनी जिजीविषा पर एकाग्र कर रहे थे। कविता की संवेदना और विषयवस्तु का भूगोल एक साथ बदल और विस्तृत हो रहा था। भारत जी की कविता का एक ज़रूरी लोकेशन स्वतन्त्रता के पहले की और उसके बाद तक चलनेवाली उलझनें और सम्भावनाएँ हैं।

भारत जी की कविता जिस यथार्थ को कविता में लाने और समझने की कोशिश कर रही थी वह निरा सामाजिक या निपट निजी नहीं था। उसमें व्यक्ति और समाज का सम्बन्ध और द्वन्द्व दोनों ही सक्रिय थे। वह स्वप्नहीन यथार्थ नहीं था। उसमें अपने आसपास और अन्तरतम् में मँडरानेवाले दुःस्वप्न की कविता अनदेखी नहीं करना चाहती थी। यह एक ऐसी कविता है जो अपने को महत्वाकांक्षा के किसी विराट् लोक में विलीन नहीं करती। वह अपनी उत्सुकताओं और बेचैनियों

को जतन से नबेरती है। वह कविता में विकल्प इतना नहीं खोजती जितना सच्चाई की ही कई अन्यथा अलक्षित रह जानेवाली परतें। कविता में कवि का यह अहसास बराबर मौजूद है कि सच्चाई और ज़िन्दगी कविता से कहीं बड़ी और व्यापक है और वह कविता में अँट नहीं पा रही है। यह किसी हद तक उस निराशा को गहरा करती थी जो कवि जीवन में अपने अनुभवों से अन्यथा पा रहा था। लेकिन कवि ने उम्मीद छोड़ी नहीं थी। उसे कविकर्म में, अपनी अथक जिजीविषा में, अपने आत्मसंघर्ष में उम्मीद के रूपाकार जब-तब कौंधते जान पड़ते थे।

भारत जी की कविता बिना किसी नाटकीयता, बिना चीख-पुकार मचाए ईमानदारी से अपनी सच्चाई को देखती-परखती कविता है। उसमें रूमानी आवेग से लेकर मुक्त हास्य, विद्रूप से लेकर अनुराग और कोमलता की कई छवियाँ सभी शामिल हैं। कामकाजी मध्यवर्ग की विडम्बनाएँ, संवेदनशील व्यक्ति के ऊहापोह, शहराती ज़िन्दगी के रोज़मर्रा सुख-दुख आदि को भारत जी ईमानदारी और पारदर्शिता से अपनी कविता में जगह देते हैं। उनमें अपनी विशिष्टता का रत्ती भर भी आग्रह नहीं है। बल्कि अगर आग्रह है तो अपनी सीधी-सादी, सरल जान पड़ती लेकिन दरअसल जटिल साधारणता का। यह आग्रह उनकी आवाज़ को सघन और उत्कट बनाता है।

1933 में कविता लिखना शुरू करनेवाले भारत जी का रचनाकाल लगभग 42 वर्ष में फैला है। उनकी सभी प्रकाशित और अप्रकाशित कविताओं को बहुत सावधानी से एकत्र कर उनकी पत्नी डॉ. बिन्दु अग्रवाल ने भारतभूषण अग्रवाल रचनावली के प्रथम खंड में संकलित किया है। इस ज़िल्द में 600 से अधिक पृष्ठ हैं। कविताओं का यह चयन करते समय ध्यान में रखा गया है कि भारत जी की कविता के प्रायः सभी रंगों का समुचित प्रतिनिधित्व हो जाए और वे कविताएँ एक साथ हो जाएँ जो आज भी सार्थक और प्रासंगिक लगती हैं।

हिन्दी कविता में जब साधारण की महिमा का इतिहास लिखा जाएगा तो निश्चय ही भारतभूषण अग्रवाल की कविताएँ एक उज्ज्वल मुकाम के रूप में उसमें देखी-परखी जाएँगी।

अशोक वाजपेयी

दिल्ली
30 मई 2004

क्रम

सपनों से पूछो... 11

पहाड़ी साँझ 12

प्लेटफ़ार्म पर विदाई 12

पथहीन 14

पूँजीवादी दुर्ग के... 14

ओ अप्रस्तुत मन ! 16

घृणा का 'डोज़' 17

न लेना नाम... 18

तुक की व्यर्थता 18

कौंध तो अभिव्यक्ति है ! 18

कार्टूनों का जुलूस 20

असाधारण की चाह : डायरी का एक पन्ना 21

आनेवालों से एक सवाल 23

परम्परा : एक नई उपलब्धि 26

मूर्ति तो हटी, परन्तु... 27

अन्धकार की हदें खींच दो 29

समाधि-लेख 30

मुक्ति ही प्रमाण है 30

खंड हूँ विराट् का ! 32

मैं और मेरा पिट्ठू 34

माध्यम : आवाज़ 36

हो तो सकता था...	37
अनुपस्थित लोग	39
मुक्ति-2	41
विदेह	46
कैसी तुम नदी हो !	48
एक उठा हुआ हाथ	50
सन्नद्ध	51
याद	52
मैंने सोचा था	53
अगति-1	55
अ-लगाव	56
टूटन	58
आहट : डायरी का तीसरा पन्ना	59
वसीयत	62
कोट-सप्तक	63
अब नहीं मिलेगा	64
चीर-फाड़	66
परिदृश्य	74
चोट	84
आप मेरा क्या कर लेंगे ?	85
हर बार यही होता है	86
निरापद	87
पतित-पावनी	89
एक सांस्कृतिक चूहे की कुतरन-1	90
एक सांस्कृतिक चूहे की कुतरन-2	91
तुक्तक	92
तुक्तक एवं मुक्तक	93

सपनों से पूछो...

सपनों से पूछो, क्यों मेरी विह्वलता का पार नहीं है।

जब अम्बर के आलिंगन में
ज्योति-मुग्ध वसुधा सोती है
रजनी अपनी कज्जल अलकें
जब स्वगंगा में धोती है
तारे कह देते हैं—तुमको छवि का भी अधिकार नहीं है

जब चम्पा की सुरभि पान कर
किरणें कर उठती हैं नर्तन
जब दिगन्त तक मादकता में
डूब-डूब जाता जग-जीवन
हृदय कुहुक उठता—क्यों कोई मुझको करता प्यार नहीं है

जब उद्वेलित हो उठता है
ज्योत्स्ना की छाया से सागर
एक अपरिचित की सुधि जब
भर जाती है नयनों की गागर
कैसे कहूँ : उमड़ पड़ता तब मेरे जी में ज्वार नहीं है

9.10.1939

पहाड़ी साँझ

वह पहाड़ी साँझ, पाटल-फूल-सी जल पर झुकी थी,

शैल-शिखरों से घिरे, एकान्त में, निर्झर-किनारे
हम खड़े थे; याद है ? जब थे तुम्हारे पाँव हारे,
एक चिकनी-सी शिला के निकट तुम थककर रुकी थीं,
फिर गई थीं बैठ। पर्वत-पार सूरज डूबता था;
मुग्ध मैं उन सिन्धु-से दृग में अचंचल देखता था
पुतलियों में मन्द मुँदती प्रभा का प्रतिबिम्ब सुन्दर;
मार्ग-श्रम से अरुण गालों पर बिखरती ज्योति सुखकर।
चाहती थी धार बाँकी मृदु पदों से तनिक खेले;

हेरता पाकर मुझे तुम मुस्करा दीं, चल पड़ीं फिर।
उतर आईं प्रान्त में विश्रान्त रजनी, घाटियाँ घिर
गईं तम से, उस विषम सँकरी डगर में हम अकेले
जो अभिन्न, अलक्ष्य पक्षी-से, संटे-से, मिला काँधे,
कैम्प को लौटे, उतरते और चढ़ते, बाहु बाँधे।

9.6.1940

प्लेटफ़ार्म पर विदाई

होने सवार,
ज्यों बढ़े चरण,
चमका एड़ी का गौर वर्ण

कर नमस्कार
कुछ नमित वदन,
जब मुड़ीं, हो गए रक्त कर्ण।

पल को खिड़की पर
बाँह टेक,
देखा घिर कर;

उफ ! उभर-उभर
आए अनेक
छवि के अक्षर !
चल दी गाड़ी,
घर-घर, घर-घर,
खिंचता ही गया सनेह-तार

धानी साड़ी
फर-फर, फर-फर,
उड़-उड़कर दीखी बार-बार।

पल भी न लगा,
सुनसान, शान्त;
मैं खड़ा देखता निर्निमेष।

लो फिर सुलगा
यह प्राण-प्रान्त
बस, प्लेटफार्म की टिकिट शेष !

19.6.1941

पथहीन

कौन-सा पथ है ?
मार्ग में आकुल-अधीरातुर बटोही यों पुकारा
कौन-सा पथ है ?

'महाजन जिस ओर जाएँ'—शास्त्र हुँकारा
'अन्तरात्मा ले चले जिस ओर'—बोला न्याय-पंडित
'साथ आओ सर्वसाधारण-जनों के'—क्रान्ति-वाणी।

पर महाजन-मार्ग-गमनोचित न साधन हैं, न रथ है
अन्तरात्मा अनिश्चय-संशय-ग्रसित
क्रान्ति-गति अनुसरण-योग्या है न पद-सामर्थ्य।

कौन-सा पथ है ?
मार्ग में आकुल-अधीरातुर बटोही यों पुकारा
कौन-सा पथ है ?

सम्भवतः 1942-43

पूँजीवादी दुर्ग के...

पूँजीवादी दुर्ग के, टूटे चारों खम्भ
कंजरवेटिव कैम्प में, फूटौ टाइम-बम्ब,
मची है खलबली॥

हल्ला सुन के कब्र में, जागे चैम्बरलेन
हार गए हम जीत के, पड़े लेन के देन,
हाय ! जे का भया ॥

चर्चिल जी की हार सुनि, हिटलर बोलौ रोय
'मैंने पहलेंई कहीं, डूब जाएँगे दोय
बखेड़ौ मत करौ ॥'

वीवरबुक की दुम कटी, आमेरी की नाक
ग्यारह गदहन सों कहौं, 'का देखत हौ झाँक
भेज रुमाल द्यौ ॥'

नींद न पल-भर चैन है, श्री फ्रैंको बेहाल
अब तक तौ हम बच गए, ओढ़ शेर की खाल
पोल अब कै खुली ॥

मन ही मन यूनान के काँप रहे सरदार
'किए कराए पै भयो अबकै बंटाधार,
बचावै कौन रे।'

समाचार ये पाय कै घबराए लावाल
मान गए जो स्पेन कूँ ज्यों अपनी ससुराल
पड़े मस्ता रहे ॥

एक कहें—'चर्चिल तथा, एटली एकहि रंग'
गोस्वामी भी कह गए, भलौ इन्हीं को ढंग
न व्यापे जगत गति ॥

ई जानिब क्यों चुप रहें, कहें सरे मैदान
'अब कै फिर अवसर मिलौ, मत चूकै चौहान
बढ़ौ मिल कै सभी ॥'

31.7.1945

ओ अप्रस्तुत मन !

गमन के क्षण
अब रुको मत ओ अप्रस्तुत मन !
चल दो–

राह में लगी है आग
चलना है खेल नहीं
पर क्या सकोगे भाग
कर्म से बचोगे कहीं ?
बच्चों की भाँति यों मचलो मत भीरु मन !
चल दो
कि आ पहुँचा है चलने का क्षण !
चल दो–
क्षुद्र इस जी की यह कमजोरी कुचल्ल दो !
दौड़ती इस धड़कन से पैरों में बल दो !
रुको मत, चल दो !

प्रात उठ देखा था :
हवा के झकझोरे से
पेड़ के पत्ते टूट
बिखर गए आँगन में
शाम तक पीले भी पड़ गए !

तुम भी अब चल पड़ो
झाड़कर सुख के क्षण
हवा रुकती नहीं, रुकोगे भला क्यों तुम ?

तुमसे ही खिलेंगे दूर एक दिन नए कुसुम
द्रुम से यह मोह क्यों अबूझ मन !
चल दो–
चल दो कि आ पहुँचा चलने का क्षण !

20.11.1946

घृणा का 'डोज'

फ़रमाइए
क्या चाहिए ?
श्रीमान जी हे मन हमारे !
जरा इतना तो बताइए :
अब भला क्या और चाहिए ?

पहले कहा था आपने :
हो पास में मेरे तनिक पैसा !
वह मिल गया;

फिर कहा :
अवकाश भी मिलता रहे, हो काम कुछ ऐसा !
वह भी मिला;

अब आप कहते हैं कि पैसा हो मगर फिर भी न हो कुछ काम
सीधे कहें तो यह कि आखिर आप हैं पूरे नमकहराम !
अब पड़ गया मालूम :
सचमुच आपको बस और कुछ नहीं–

कुछ कष्ट चाहिए,
तकलीफ चाहिए,
संघर्ष चाहिए,
स्नेह-संवेदन नहीं—
बस आपको कुछ दिन घृणा का 'डोज' चाहिए !

मार्च, 1947

न लेना नाम...

न लेना नाम भी अब तुम इलम का
लिखो बस गीत हुक्के का, चिलम का
अभी खुल जाएगा रस्ता फिलम का

12.9.1952

तुक की व्यर्थता

दर्द दिया तुमने बिन माँगे, अब क्या माँगूँ और ?
मन के मीत ! गीत की लय, लो, टूट गई इस ठौर
गान अधूरा रहे भटकता परिणति को बेचैन
केवल तुक लेकर क्या होगा : गौर, बौर, लाहौर ?

1954

कौंध तो अभिव्यक्ति है !

दर्द के घुटे-घिरे बादलों में
अचानक
बिजली की तड़प कौंध गई !
एक क्षण को
सारा आसमान प्रकाश से भर गया
तीखे, उद्धृत, क्षणिक प्रकाश से—
तुम्हारे प्यार की तरह
हाँ, ठीक तुम्हारे प्यार की तरह !

और दूसरे ही क्षण
आसमान बुझ गया,
बादल और गहरा गए !
मन ने कहा, कहूँ :
कि जो प्रकाश लुप्त हो गया है
वह मिटा नहीं है !
बादलों की ओट में
वह अब भी सुरक्षित है,
और कौंध ?
कौंध तो अभिव्यक्ति है
मात्र अभिव्यक्ति—
क्षण ही उसका स्वभाव है !

पर फिर नहीं कहा !

सोचा :
कि कहीं यह तुम्हें आडम्बर न लगे,

बनावटी आवेग–
किसी एक्टर की नाटकीय व्यंजना !

पर सुनो,
मेरे इस मौन से तुम यह न समझना
कि मेरा विश्वास कच्चा है !

सम्भवतः 1954-56

कार्टूनों का जुलूस

हाँ-हाँ, यह सच है,
ठीक ही सुना है यह तुमने
कि कल रात
दूर, सात सिन्धु पार
अणु का विस्फोट हुआ,
उड़ गई उद्‌जन की धज्जियाँ
जिसके धड़ाके की धमक से
क्षीणकाय स्वरधारी नारों का दम टूटा
एक लघु हिचकी ले त्यागे उन्होंने प्राण;

यह लो
वह देखो :
नारों की अर्थियाँ उठाए आ रहा है
वह जुलूस कार्टूनों का–
बासी अखबारों में लपेटे हुए शव को
फूटे गुब्बारों-से जिनके सिर

झूलते हैं कन्धों पर;

कैमरे के लैंस-सी हैं आँखें बुझी हुईं,
बिगड़े, कम्बख्त लाउडस्पीकर-से
जिनके मुख निश्शब्द खुले हैं !
रिपटों से ठुकी हुई निश्चल उँगलियाँ हैं,
दाँतेदार पहिए-सा दिल घूमे जाता है,
वार्निश से पुते हुए चेहरों पर
'रेडियो-एक्टिव' धूल की पर्तें जमी बैठी हैं !
टाइपराइटर की 'की' की तरह
सबके पैर बारी-बारी से उठते हैं,
और सब एक ही जगह पर पड़ते हैं,

और फिर लौटकर
तुरन्त बिखर जाते हैं !

सोचो मत : व्यर्थ है।
देखो मत : यह है जुलूस कार्टूनों का
नारों की अर्थियाँ उठाए जा रहा है जो श्मशान को !

हट जाओ,
रास्ता दो इनको,
कहीं इस सामूहिक मृत्यु की अशुभ छाया
आँखों में बसे हुए
अ-जनमे तुम्हारे इन सपनों पर न पड़ जाए !

1.5.1955

असाधारण की चाह : डायरी का एक पन्ना

साधारण नगर के
एक साधारण घर में
मेरा जनम हुआ :
बचपन भी बीता अति साधारण
साधारण खान-पान
साधारण वस्त्र-वास

और
साधारणता के इस घोर चक्र में
मेरा मन खोजने लगा था असामान्य कुछ !

तब मैं एकाग्र-मन
जुट गया ग्रन्थों में
मुझे परीक्षाओं में विलक्षण श्रेय मिला।
और असाधारण का पहला स्वाद पा सका !

किन्तु कुछ दिनों बाद
मैंने देखा यह भी अति साधारण बात थी;
मुझ-से अनेक परीक्षार्थी थे सर्वत्र
जो कि इम्तहानों में कमाल दिखलाते थे !
तब मैंने पहली बार क्षुद्र इस जीवन में
प्यार किया
अपने से चौगुनी अमीर एक लड़की से,
और जब उसने मुझे दर्द दिया
तब उस विलक्षण दान की गरिमा से
मेरा मन फूल उठा,

काफी दिन इस असाधारण प्रकाश से घिरा हुआ
मैं धरती से कुछ उठा-सा, अलग-सा
सपने सजाता रहा,
मन को भरमाता रहा !

पर वह भी मिट गया;
वास्तव की एक ही खरोंच से
उस मेरे स्वप्नशील प्यार का दम निकला,
फ्यूज़ हो गया वह प्रकाश-पुंज
साधारण झटके से;
मैंने तब अनजाने
असामान्य बनने की चाह में
कविता अपनाई थी !

अब उस बात को भी पूरा युग बीत चुका;
मेरी कविता भी बन साधारण का प्रकाश
मेरी नहीं बची !
साधारण जीवन
साधारण काम-काज
साधारण सुख और साधारण दुख के क्रूर पाश में
आज भी मैं पहले की भाँति ही बेचैन हूँ
एक असाधारण की चाह से विकल हूँ,
बार-बार सोचता हूँ
यदि सदा साधारण रहना ही मेरी नियति है
तो फिर
कम-से-कम इतना हो मेरा भाग्य :
मेरे इस जीवन का अन्त असामान्य हो !

30.7.1955, 15.7.1956, 17.6.1957

आनेवालों से एक सवाल

तुम, जो आज से पूरे सौ वर्ष बाद
मेरी कविताएँ पढ़ोगे
तुम, मेरी धरती की नई पौध के फूल
तुम, जिनके लिए मेरा तन-मन खाद बनेगा
तुम, जब मेरी इन रचनाओं को पढ़ोगे
तो तुम्हें कैसा लगेगा :
इसका मेरे मन में बड़ा कौतूहल है !

बचपन में तुम्हें हिटलर और गांधी की कहानियाँ सुनाई जाएँगी
उस एक व्यक्ति की
जिसने अपने देशवासियों को मोह की नींद सुलाकर
सारे संसार में आग लगा दी,
और जब लपटें उसके पास पहुँचीं
तो जिसने डरकर आत्महत्या कर ली
ताकि उनका मोह न टूटे;
और फिर उस व्यक्ति की
जिसने अपने देशवासियों को सोते से जगाकर
सारे संसार को शान्ति का रास्ता बताया,
और जब संसार उसके चरणों पर झुक रहा था
तब जिसके देशवासी ने ही उसके प्राण ले लिए
कि कहीं सत्य की प्रतिष्ठा न हो जाए !

तुम्हें स्कूलों में पढ़ाया जाएगा
कि सौ वर्ष पहले
इंसानी ताकतों के दो बड़े राज्य थे

जो दोनों शान्ति चाहते थे
और इसीलिए दोनों दिन-रात युद्ध की तैयारी में लगे रहते थे,
जो दोनों संसार को सुखी देखना चाहते थे
इसीलिए सारे संसार पर कब्जा करने की सोचते थे;
और यह भी पढ़ाया जाएगा
कि एक राज्य और था
जो संसार-भर में शान्ति का मन्त्र फूँकता रहा
पर जिसे अपने ही घर में
भाई-भाई के बीच दीवार खड़ी करनी पड़ी,
जो हर पराधीन देश की मुक्ति में लगा रहता था
पर जिसके अपने ही अंग पराए बन्धन में जकड़े रहे !

तुम्हें विश्वविद्यालयों में बताया जाएगा
कि इंसान का डर दूर करने के लिए
सौ साल पहले वैज्ञानिकों ने कुछ ऐसे आविष्कार किए
जिनसे इंसान का डर और भी बढ़ गया,
और यह भी
कि उसने चाँद-सितारों में भी पहुँचने के सपने देखे
जबकि उसके सारे सपने चकनाचूर हो गए थे !

और तभी किसी दिन
किसी प्राचीन काव्य-संग्रह में
तुम मेरी कविताएँ पढ़ोगे;
और उन्हें पढ़कर तुम्हें कैसा लगेगा—
यह जानने का मेरे मन में बड़ा कौतूहल है !

तुम जो आज से सौ साल बाद मेरी कविताएँ पढ़ोगे
तुम क्या यह न जान सकोगे

कि सौ साल पहले
जिन्होंने तन्मयता से विभोर होकर
आत्मा के मुक्त-आरोहण के
या समवेत जीवन की जय के गीत गाए
वे आँखें बन्द किए सपनों में डूबे थे;
और मैं
जिसका स्वर सदा दर्द से गीला रहा,
जिसके भर्राए गले से कुछ चीखें ही निकल सकीं,
मैं सारा बल लगाकर
आँखें खोले
यथार्थ को देख रहा था

9.2.1956

परम्परा : एक नई उपलब्धि

पहले बिके धर्म पर
फिर बिके भक्ति पर
रूप पर मध्य-युग में बिके–
बिकना तो अपनी परम्परा है !

आज इस संकट की बाढ़ में
जब कहीं धर्म नहीं
भक्ति नहीं
रूप नहीं,
हारकर हम बिके चाँदी के टुकड़ों पर;
हम प्रसन्न

हम कृतकृत्य हैं
हमने अपनी परम्परा
अक्षुण्ण रक्खी है !

18.8.1956

मूर्ति तो हटी, परन्तु...

तम में भटकती हुई अनगिनती आँखों को
जिसने नई दृष्टि दी
खोल दिए सम्मुख नए क्षितिज
नूतन आलोक से मंडित की सारी भूमि
जन-मन के मुक्ति-दूत
उस देवता के प्रति
श्रद्धा से प्रेरित हो
समवेत जन ने
प्रतिमा प्रतिष्ठित की अपने सम्मुख विराट् !

अपने कृतज्ञ हृदयों में बसी
ऊर्ध्वबाहु कल्पना
पत्थर पर आँकी अति यत्न से !
मूर्ति वह अद्वितीय, महाकाय
शीश पर जिसके हाथ धरते थे मेघराज
चरणों में जिसके जन झुकते थे भक्ति से
अंजलि के फूल-भार के समान
अधरों पर जिसके थी मन्त्र-मयी मुस्कान
उल्लसित करती थी लोक-प्राण !

यों ही दिन बीत चले,
और वह मूर्ति दिन पर दिन, स्वयमेव
मानो और बड़ी, और बड़ी होती चली गई !
जड़ प्रतिमा में बन्द यह रहस्य, यह जादू
कितने समझ सके, कितने न समझे—यह कहना कठिन है,
क्योंकि उसे पूजा सब जन ने
भूलकर एक छोटा सत्य यह :
पत्थर न घटता है, न बढ़ता है रंचमात्र,
मूर्ति बड़ी होती जा रही थी
क्योंकि वे स्वयं छोटे होते जाते थे;
भूलकर एक बड़ा सत्य यह :
मूर्ति की विराटता ने ढँक लिए वे क्षितिज
देवता ने एक-एक करके जो खोले थे !

आखिर में एक दिन ऐसा भी आ पहुँचा
मूर्ति जब बन चुकी थी आसमान
और जन बन चुके थे चूहों-से मेंढक-से
छोटे, ओछे, नगण्य !

क्षितिजों के सूर्य की जगह थी वह मुस्कान
जिसमें नहीं था कोई अपना आलोक-स्रोत
होकर वे तम में बन्द फिर छटपटाने लगे !
तभी कुछ साहसी जनों ने बढ़
अपनी लघुता का ज्ञान दिया हर व्यक्ति को
और फिर
शून्य बन जाने के भय से अनुप्राणित हो
समवेत जन ने

अपने ही हाथों से गढ़ी हुई
देवता की मूर्ति वह तोड़ डाली—
छेनी से, टाँकी से, हँसिया से, हथौड़ी से,
जिसको जो मिला उसी शस्त्र से,
गढ़ते समय भी ऐसा उत्साह कब था ?

देखा तब सबने आश्चर्य से :
प्रतिमा की ओट में जो रमी रहीं एक युग
उनकी वे दृष्टियाँ अब असमर्थ थीं
कि सह सकें सहज प्रकाश आसमान का !
और फिर सबने यह देखा असमंजस से :
मूर्ति तो हटी, परन्तु सामने डटा था प्रश्न-चिह्न यह :
मूँद लें वे आँख या कि प्रतिमा गढ़ें नई ?
हर अन्धी श्रद्धा की परिणति है यह खंडन !
हर खंडित मूर्ति का प्रसाद है यह प्रश्न-चिह्न !!

19.8.1956

अन्धकार की हदें खींच दो

भावों की किरणें समेटकर
डूबा अभी-अभी पश्चिम में
सूरज का आदर्श-पिंड
लो,
कुंठाओं की रात घिर गई !
कटा-फटा फीका-सा चन्दा
आ बैठा है आसमान की इस सूनी, लम्बी दीर्घा में

अलग, तटस्थ पर्यवेक्षक-सा !!

जितने भी पथ थे
सबकी परिणति होती है अन्धियारे में !
प्राणों के पंथी
सहमे, सिमटे बैठे हैं गलियारे में !!

घर-बाहर का यह सूनापन, यह अन्धियारा
तुम्हें न डस ले
तुम्हें न ग्रस ले
उठो,
सोच क्या गई ज्योति का !
तुम आस्था का दीप जलाओ,
अन्धकार की हदें खींच दो,
लौ का यह छोटा-सा घेरा
नई किरण का बने पाँवड़ा !

17.6.1957

समाधि-लेख

रस तो अनन्त था, अंजुरी भर ही पिया
जी में वसन्त था, एक फूल ही दिया
मिटने के दिन आज मुझको यह सोच है :
कैसे बड़े युग में कैसा छोटा जीवन जिया !

27.8.1957

मुक्ति ही प्रमाण है

मैंने फूल को सराहा :
'देखो, कितना सुन्दर है, हँसता है !'
तुमने उसे तोड़ा
और जूड़े में खोंस लिया।

मैंने बौर को सराहा :
'देखो, कैसी भीनी गन्ध है !'
तुमने उसे पीसा
और चटनी बना डाली।

मैंने कोयल को सराहा :
'देखो, कैसा मीठा गाती है !'
तुमने उसे पकड़ा
और पिंजरे में डाल दिया।

एक युग पहले की बातें ये
आज याद आतीं नहीं क्या तुम्हें ?
क्या तुम्हारे बुझे मन, हत-प्राण का है यही भेद नहीं :
हँसी, गन्ध, गीत जो तुम्हारे थे
वे किसी ने तोड़ लिए, पीस दिए, कैद किए ?

मुक्त करो !
मुक्त रहो !—
जन्म-भर की यह यातना भी
इस ज्ञान के समक्ष तुच्छ है :

हँसी फूल में नहीं,
गन्ध बौर में नहीं,
गीत कंठ में नहीं,
हँसी, गन्ध, गीत–सब मुक्ति में हैं
मुक्ति ही सौन्दर्य का अन्तिम प्रमाण है !

24.6.1958

खंड हूँ विराट् का !

थे
ऐसे भी दिन थे–
जब मुझे अपना लघु अस्तित्व
किसी विराट् का खंड-मात्र लगता था
और जिसमें मिलने को
मैं अनुक्षण विकल था,
मेरी वह विकलता ही
उन दिनों
गीत बन जाती थी !

है
आज यह दिन भी आया है–
जब मुझे रह-रहकर
अपने पुराने गीत
विकल बनाते हैं,
जब मुझे उस पूर्वग्रह पर
करुणा हो आती है,

जब उस विराट् के
अनुक्षण पास आ रहे भीमकाय चरणों की चाप से
मेरे तन-प्राण तक सिहर-सिहर जाते हैं !

खंड हूँ विराट् का—सम्भव है, सत्य हो
किन्तु नहीं बिन्दु हूँ प्रवाह का
जिसका उद्दिष्ट हो समुद्र में समाना ही
और दूर रहना
मिट जाने के समान हो !

खंड भी हूँ तो किसी दर्पण का खंड हूँ
अपने लघु अस्तित्व में भी
मैं सार्थक हूँ, पूर्ण हूँ
लाख रहूँ छोटा, पर मुकुर हूँ पूरा ही
और
मेरे अनगढ़, कुरूप चौखटे में बँधी
जीवन की झाँकी जो,
पूरी है अखंड है !

नहीं, नहीं, नहीं—
मेरे प्राणों में अनुक्षण
गूँजा करते हैं ये जो चरण विराट् के
प्रतिपल समीप से समीपतर
एक दिन ये चाहे बन जाएँ
मेरे विकराल काल,
मेरी परिणति ये नहीं है !
खंड-खंड मिलाकर
वह महा दर्पण भी चाहे फिर जुड़ जाए

मेरी लघु लीक किन्तु मिट नहीं पाएगी,
और वह दर्पण भी
उस दिन
होगा बस संग्रह-भर
छोटी-छोटी अपने में पूर्ण प्रतिच्छवियों का—
उसमें जगेगा नहीं कोई एक महाकाय प्रतिबिम्ब
लीकें सब लीलकर !

मुझमें विराट् हुआ खंडित : यह सच भी हो, तो रहे !
खंडित है जो वह विराट् है
मैं तो सम्पूर्ण हूँ
अखंड हूँ।
और मेरी विकलता ?
नहीं, वह नहीं है
विराट् के परस की चाहना—
वह उसके आसन्न परस की भीति है !

15.9.1958

मैं और मेरा पिट्ठू

देह से अकेला होकर भी
मैं दो हूँ
मेरे पेट में पिट्ठू है।

जब मैं दफ्तर में
साहब की घंटी पर उठता-बैठता रहता हूँ,

मेरा पिट्ठू
नदी किनारे वंशी बजाता रहता है !
जब मेरी 'नोटिंग' कट-कुटकर 'रि-टाइप' होती है,
तब साप्ताहिक के मुखपृष्ठ पर
मेरे पिट्ठू की तस्वीर छपती है !
शाम को जब मैं
बस के फुटबोर्ड पर टँगा-टँगा घर आता हूँ
तब मेरा पिट्ठू
चाँदनी की बाँहों में बाँहें डाले
मुग़ल गार्डन्स में टहलता रहता है !

और जब मैं
बच्चे की दवा के लिए
'आउटडोर वार्ड' की क्यू में खड़ा रहता हूँ
तब मेरा पिट्ठू
कवि-सम्मेलन के मंच पर पुष्पमालाएँ पहनता है !

इन सरगर्मियों से तंग आकर
मैं अपने पिट्ठू से कहता हूँ :
भई, यह ठीक नहीं
एक म्यान में दो तलवारें नहीं रहतीं
तो मेरा पिट्ठू हँसकर कहता है :
पर एक जेब में दो कलमें तो सभी रखते हैं !
तब मैं झल्लाकर, आस्तीनें चढ़ाकर
अपने पिट्ठू को ललकारता हूँ—
तो फिर जा, भाग जा, मेरा पिंड छोड़,
मात्र कलम बनकर रह !
और यह सुनकर वह चुपके से

मेरे सामने गीता की कॉपी रख देता है !
और जब मैं
हिम्मत बाँधकर
आँखें मींचकर, मुट्ठियाँ भींचकर
तय करता हूँ कि अपनी देह उसी को दे दूँगा
तब मेरा पिट्ठू
मुझे झकझोरकर
'एफिशिएन्सी बार' की याद दिला देता है !

एक दीखने वाली मेरी इस देह में
दो 'मैं' हैं।
एक मैं
और एक मेरा पिट्ठू।
मैं तो खैर, मामूली-सा क्लर्क हूँ
पर, मेरा पिट्ठू ?
वह जीनियस है !

23.4.1961

माध्यम : आवाज

पेड़ पर बैठी हुई चिड़ियों की चहचहाहट में
और
बर्फी पर बैठी मक्खियों की भनभनाहट में
फ़र्क है !

कल-कल कर बहती हुई नदिया की तान में
और

धड़धड़ाती रेल के चीखते आह्वान में
फ़र्क है !

नृत्य-रता बाला के चरणों की थाप में
और
बूटधारी सैनिक की सधी पद-चाप में
फ़र्क है !

रस-भरी बदली की मन्द्र गड़गड़ाहट में
और
अलार्म घड़ी की तीखी टनटनाहट में
फ़र्क है !

यदि तुम्हें वह पैमाना मिल जाए
जो इस फ़र्क को नाप सके
तो तुम्हें
मेरी और अपनी दूरी का
कुछ अन्दाज मिल सकता है !

24.4.1961

हो तो सकता था...

हो तो सकता था...
हो तो बहुत कुछ सकता था

—यह धूप में सोती दोपहर,
बादल-भरी साँझ हो सकती थी,

—ट्रैफिक की रौंद से कराहती यह सड़क
तरंगायित झील
और यह बस-स्टैंड
झील का किनारा !
तुम्हारे हाथ में
इस वेनिटी बैग की जगह
गीतों की सुराही हो सकती थी
और मेरे हाथ में
इस फाइल की जगह
सपनों की पिटारी !

हो तो सचमुच बहुत कुछ सकता था !
हो तो यह भी सकता था
कि तुमने
सिनेमा के टिकिट न खरीदे होते
और मुझे
भूख न लगी होती !

हो तो...
पर नहीं,
मैं कृतघ्न नहीं बनूँगा—
हम तक आकर
जो क्षीण रेखा बन गई है
अनुभूति की उस धार से मिली
इस एक बूँद पर
शिकायत नहीं करूँगा।

हो तो यह भी सकता था

कि मैं रसस्रोत में नहा लेता
डुबकी लगाता,
पर
जो हुआ
—पल-भर ही सही,
सिक्त जिस कण ने
निर्मल समर्पण के जिस विविक्त क्षण ने
अभी मुझे छुआ—
उसे क्यों झुठलाऊँ
प्यास से जलते इस कंठ में
जो हलचल मची है
उसे क्यों दबाऊँ !

6.2.1963

अनुपस्थित लोग

लजाओ मत सुन्दरी !
तुम
मैं
तुम और मैं—
और यहाँ कौन है ?

आस-पास बैठे ये लोग
जिनकी छिटपुट बातचीतें मिलकर
रेस्तराँ का शोर बन गई हैं;
थके अलसाए ये साजिन्दे बैंड के

जो धड़ल्ले से बजाते हैं
और ऊबकर रुक जाते हैं;
सरसराती सफेद बुर्राक पोशाक में कसे
ये बेयरे, ये वेटर
जो चाभीदार खिलौनों-से
चलते, झुकते या थमते हैं;
ये सब के सब
यहाँ नहीं, कहीं और हैं–
लजाओ मत !

हाँ,
यहाँ नहीं
कहीं और।
देखो न,
सामने बैठा वह बाबू
अपने 'बॉस' के किस्से सुना रहा है,
वह यहाँ नहीं, दफ्तर में है।

एक वही नहीं
चारों तरफ के ये अनगिनती लोग
अपने दफ्तरों को साथ लिये
खाते-पीते, सोते-जागते, हँसते-रोते हैं–
इन्हें दफ्तरों से मुक्ति दे वह दफ्तर अभी नहीं बना।

और वे कॉमरेड ?
ये यहाँ नहीं
ये चीन या रूस में हैं;
ये जर्नलिस्ट

किसी वी.आई.पी. की प्रेस-कॉन्फ्रेन्स में हैं;
ये प्रोफेसर
टेक्स्ट बुक कमिटी में हैं,
ये बिजनेसमैन
इन्कम टैक्स के वकील के यहाँ हैं,
ये संसद सदस्य
अभिनन्दन-समारोह में हैं,
वह देवी जी
अपनी पड़ोसिन के यहाँ हैं,
और यह शोख कुमारी
जिसका पल्लू रह-रह लहराता है
सिनेमाघर में है !

कितने खुशकिस्मत हैं हम !
जो एक-दूसरे की आँखों में हैं
अकेले हैं,
और यहाँ हैं—
इस क्षण में
इस टेबिल पर !

2.3.1963

मुक्ति-2

नहीं,
मैं जेल में नहीं था—
अपने ये पिछले पच्चीस वर्ष
—जिन्होंने मेरी उम्र को पैंतालीस पर ला पटका है—

मैंने किसी बन्द कोठरी में नहीं बिताए,
किसी सीलन-भरी बदबूदार कोठरी में—
जहाँ खड़े होने पर सिर छत से टकराता हो
और
लोहे के सीखचों को पकड़कर
सामने आसमान के टुकड़े पर आँख गड़ाए
'तुम्हारी आँखों का आकाश
खो गया मेरा खग अनजान'
गाने की तबियत करती हो,
जहाँ 6x4 के फर्श पर
असमर्थ साँसों की फुफकार छोड़ता
मैं विक्षोभ में भरकर
दाँती भींचकर, मुट्ठियाँ भींचकर
मुक्ति की उत्कंठ प्रतीक्षा में
लम्बे-लम्बे दिनों को पलों में बाँटकर
प्रतिपल चौंक-चौंक उठता रहा होऊँ,
और जहाँ की चूने-झड़ी दीवार पर
उँगलियों के नाखूनों से लकीरें खींच-खींचकर
अपने को याद दिलाना पड़ता हो
कि कैलेंडर की एक तारीख और खिसक गई,
जहाँ अगल-बगल की कोठरियों में बन्द
अपरिचित भुक्त-भोगियों के उठने-बैठने-कूदने-पड़ने
की बेतरबीब आवाजें
सामूहिक परवशता का भाव जगाती हों,
और
जहाँ बाहर की सारी दुनिया
दूर सड़क पर गुजरने वाली गाड़ी का हार्न बन जाती हो

नहीं, ऐसा कुछ नहीं हुआ,
मैं जेल में नहीं था।
हाँ, मैं जेल में नहीं था
कि आज
पच्चीस वर्ष बाद
अपने घर के कमरे में मेज पर बैठकर लिखते हुए
भाई-बन्दों और रिश्तेदारों से मिलते हुए
गली के नुक्कड़ के तमोली से
छिद्दा हलवाई से
करीम तस्वीर-साज से
श्यामलाल कागजी से
बिशना अत्तार से
गिरिधर सुनार से
बुद्धिमल मुनीम से
शंकर पुजारी से
छीपी घसीटा और सेवक बजाज से
लछमन पंडा और राधेश्याम वैद्य से
यानी
हौले-हौले फैलते-फूटते
कस्बे से बढ़कर नगर बन जाने वाली अपनी जन्मभूमि के
अनगिनती परिचितों से बोलते-बतलाते हुए
मुझे अहसास हो
कि ये जीवन की धारा में प्रतिपल नहाते रहे
जबकि मैं किनारे की रेतिया पर तड़पता-टीसता रहा।
या
जिसे पाँच वर्ष का छोरा छोड़ गया था
उसे अब दुकान पर बैठे जिन्स तोलते देखकर

या छबीली मिसरानी की लाठी के सहारे चलते पाकर
मैं बेसाख्ता कह उठूँ :
इन्होंने सब-कुछ भर पाया है
और मैं
शुरुआत करने की सोचता ही रह गया !

नहीं,
मैं जेल में नहीं था।
अपने इन पिछले पच्चीस वर्षों में
अंधड़-से झपटते इन अधीर चरणों के वामन डगों से
मैंने इस अछोर धरती के चारों खूँट खूँदे हैं
और
इन पर जमी पश्चिम की रेत को
पूरब--समुद्र की लहरों से धोया है,
उत्तर की ठंडी हवाओं की सिसकारी
दक्षिण-तटों के ताल-वृक्षों को सुनाई है !
चलता रहा हूँ मैं--
बढ़ता रहा हूँ मैं आठों याम बिजली की गति से
प्रतिपल तल्लीनता से आकंठ भरा हुआ
व्यग्र और बेचैन
मानो यदि हाथ का प्याला अभी न पिया
तो एक क्षण सदा को अनजिया रह जाएगा--
मन के तुरंग पर
संकल्प की चाबुक फटकारता
ताबड़तोड़
अनुभव के बीहड़ पथों पर टपाटप दौड़ता ही रहा हूँ !
असमर्थता की कोई दीवार मैंने कब जानी ?

विक्षोभ के सींखचों को मैंने कब झकझोरा ?
मार्ग के अपार भीड़-भभ्भड़ को चीरता
अपनी तेज दृष्टि को सामने गड़ाए हुए
निरन्तर दौड़ता
मैं अल्हड़ से अधेड़ हुआ हूँ !

तो फिर क्यों आज
जब पच्चीस वर्ष बाद मैं यहाँ आया हूँ
आराम करने या अवकाश लेने नहीं–
मन के तुरंग की एक टाप आँकने,
छोटे-छोटे दायरों में बन्द
इन तृप्त-काम परिणति-प्राप्त व्यक्तियों को देखकर
मुझे यह लगता है
कि मेरा यह दीर्घ और विस्तृत अभिमान
मानो किसी 6x4 के ही घेरे की परिक्रमा थी,
मानो
अपने हाथों को सख्त मुट्ठियों में जिसे
मैं कसकर पकड़े हूँ
वह कोई ध्येयपूर्ण संकल्प नहीं–
लोहे की सलाख है,
मानो आज पच्चीस वर्ष बाद
मैं
किसी जेल के सींखचों से बाहर आया हूँ।

ध्येय ?
नहीं जानता, तुम्हें मैं अब क्या कहूँ ?
पुकारूँ भी यदि तुम्हें तो अब किस नाम से ?

या कि तुम्हारा कोई नाम है भी या नहीं,
या कि तुम कोई कुछ थे भी अथवा नहीं,
हाँ, सच, मैं आज नहीं जानता–
किन्तु आज लगता है
कि मेरे इस कर्म-व्यस्त जीवन का प्रतिपल
मैंने नहीं,
मानो किसी और ने ही जिया है !
मैं तो मानो उससे नितान्त भिन्न और दूर
तुम्हारी किसी सीलन-भरी बदबूदार कोठरी में
पच्चीस वर्षों तक कैद था !

तो फिर, लो, आज
इस यमुना के तट पर
अँजुरी में भर के पवित्र-जल
तिल-कुश करता हूँ अर्पण मैं तुमको
और फिर
आखिरी संकल्प बाँचता हुआ
सहज स्फूर्ति-भरे मन से उचारता हूँ :

मुक्त हूँ
मैं मुक्त हूँ
मैं आज पच्चीस वर्ष बाद
पहली बार मुक्त हूँ !

28.3.1963

विदेह

आज जब घर पहुँचा शाम को
तो बड़ी अजीब घटना हुई
मेरी ओर किसी ने भी कोई ध्यान ही न दिया
चाय को न पूछा आके पत्नी ने
बच्चे भी दूसरे ही कमरे में बैठे रहे
नौकर भी बड़े ढीठ ढंग से झाड़ू लगाता रहा
मानो मैं हूँ ही नहीं ?

तो क्या मैं हूँ ही नहीं ?

और तब विस्मय के साथ यह बोध मन में जगा :
अरे, मेरी देह आज कहाँ है ?
रेडियो चलाने को हुआ—हाथ गायब हैं
बोलने को हुआ—मुँह लुप्त है
दृष्टि है परन्तु हाय ! आँखों का पता नहीं
सोचता हूँ—पर सिर शायद नदारद है
तो फिर—तो फिर मैं भला घर कैसे आया हूँ ?

और तब धीरे-धीरे ज्ञान हुआ
भूल से मैं सिर छोड़ आया हूँ दफ्तर में
हाथ बस में ही टँगे रह गए
आँखें जरूर फाइलों में ही उलझ गईं
मुँह टेलीफोन से ही चिपटा-सटा होगा
और पैर हो-न-हो क्यू में रह गए हैं—
तभी तो मैं आज घर आया हूँ विदेह ही !

देह-हीन जीवन की कल्पना तो
भारतीय संस्कृति का सार है
पर क्या उसमें यह थकान भी शामिल है
जो मुझ अंगहीन को दबोचे ही जाती है ?

30.5.1964

कैसी तुम नदी हो !

(पुरी-दर्शन की याद में)

सागर को सामने पाकर ठिठक गईं
कैसी तुम नदी हो ?

जिसके लिए निकली थीं एक युग पहले तुम
चट्टानें तोड़तीं
अनजाने बीहड़ वनों को झिंझोड़ती
बाधाएँ उपाटकर
अपनी अनोखी, क्षिप्र, इठलाती गति से
कठिन जमीन को काटकर
जीवन-भर गाती हुई
सूखे मैदानों को रिझाती हुई
बाँहों से तटों के कगारों को काटकर
पगली !
यही है वह
सागर यह तेरा है !
ठिठको मत।
सागर तुम्हारा है

इसी का तो गीत है
प्राणों में तुम्हारे जो धारा है,
छूटो, अब फूटो, अब बूँद-बूँद बाढ़ बनो
बाँहें फैलाओ
सब तोड़ के किनारे चलो, उफनो,
लब्धि के चरम क्षणों में यह असमंजस !

आगे बढ़ो,
भेंटो यह फेनिल हँसी का ज्वार
विकल प्रतीक्षा में जिसकी तुम भटकी हो आयु भर
सामने वही है तुम्हारा प्यार–
पारावार !

सोचती हो : सागर भी बाँहें फैलाएगा
उठकर बढ़ेगा और तुम तक आ जाएगा ?
तो क्या नहीं जानती हो सागर का अभिशाप !
प्राणों में कितना ही दर्द हो, कराह हो
नस-नस में कामना की झंझा का प्रवाह हो
चाहे उद्वेलन से अंग-अंग टूट जाए
पर कब टूटा है जड़ पाश तट का
कितना ही भटके उसका आवारा मन
किन्तु हाय, सागर का तन कब भटका !
उसका असंयम तो प्रलय का नाम है।
पर तुम क्यों ठिठक गईं ?
सुन नहीं पातीं क्या लहरों में धड़कती पुकार यह
मर्म को आर-पार चीरती यह गर्जना
आर्त चीत्कार यह

पानी पर करवटें बदलती यह नील देह
पुलिन को रौंदती-सी करुण पछाड़ यह

इस असमंजस का तो फिर क्या काम है ?
वेगवती !
आओ
समा जाओ इस नीले विस्तार में।
तुम्हारे ही लिए तो खुली है यह श्याम क्रोड़
सार्थक करो यह क्षण सारे संकोच छोड़ !

24.3.1965

एक उठा हुआ हाथ

(मुक्तिबोध के प्रति)

नाव तो हममें से किसी के पास न थी
और सभी पार जाना चाहते थे
तैरकर।
हक्के-बक्के-से हम सब उथले पानी में
जल-क्रीड़ा करते थे
छींटे उड़ाते थे
और भीतर की खीझ को चुनौती बनाकर कहते थे :
'बोलो,
है कोई माई का लाल
जो इस आँधी-तूफान में निकल जाये ?'

कुछ की आँखें पीछे के स्फटिक-पुलिन पर टिकी थीं

जहाँ चन्दन-नौकाएँ हाथियों-सी झूम रही थीं
और कुछ चाहते थे
कि पहले संवाददाता और फोटोग्राफर आ लें—

तभी पानी में लीक बनी
और हमने विस्मय से देखा :
तुम मझधार में पहुँच गए हो
जहाँ लहरें फुंकार रही थीं
और भँवर मुँह फाड़ रहे थे
हमने घबराकर तार-स्वर में तुम्हे पुकारा
पर तूफान के शोर में हमारी पुकार डूब गई
और तुम लहरों से जूझते
लहरों में समा गए !

तूफान अब थम गया है।
हम अब भी उथले जल में किलोलें कर रहे हैं
क्योंकि न नाव है न फोटोग्राफर
पर मुझे अब भी दीख रहा है
वहाँ दूर, मझधार में लहरों के ऊपर उठा हुआ
पताका-सा तुम्हारा हाथ
तुम्हारी जल-समाधि का निशान !

16.7.1965

सन्नद्ध

जगह-जगह
खाइयाँ हैं

कि हम तैयार हैं बमों के लिए।

पर,
फिर भी—
हाँ, यही अच्छा है
कि उनमें बच्चे
आँख-मिचौनी खेलते रहें !

3.10.1965

याद

अब सब याद आता है।

बर्फीला सूरज—
जो रोज सुबह
चाय की ट्रे लिये
मुझको जगाता था।

बादलों से मंडित पहाड़ियाँ—
जो चुस्त आधुनिका की तरह
खिड़की से झाँककर
मुझको लुभाती थीं।

कँटीली हवा—
जो गेट पर खड़ी-खड़ी
मेरी बाट देखती थी
और मेरे बाहर निकलते ही

मुझसे लिपट जाती थी।

बल खाती सड़कें—
जो चलते-चलते अचानक
ओझल हो जाती थीं
और फिर मेरी बदहवासी पर
खिलखिलाकर हँसती थीं।

पर्वत की अंजुरी में अर्घ्य-सा लहराता
सरोवर—
जहाँ हमने सन्तरे छीलकर खाए थे।

पुराने शिवालयों के अवशेष
जिन्होंने हमें अपने इतिहास का
आशीर्वाद दिया था।

काजू के पेड़,
मोर,
झरनों में भैंसों-से बैठे वे ढूह,
फूल-माला की छावड़ियाँ,
देवार्चना में रत वृद्धा,
अबोध जन,
और पहाड़ी रात की आत्मीय निविड़ता।

पर,
लाख चाहने पर भी
याद नहीं आता मुझे चेहरा तुम्हारा
जिसे छोड़ तब मैंने कुछ नहीं देखा था।

9.12.1965

मैंने सोचा था

मैंने सोचा था
कि जब प्यार से मुलाकात होगी
तो बड़े तपाक से उसका स्वागत करूँगा
रोम-रोम में मुस्कराहट भरकर
उससे हाथ मिलाऊँगा
गले मिलूँगा
और शहर के सबसे बड़े रेस्तराँ में
उसे ले जाकर
डटकर बातें करूँगा।

मैंने सोचा था
कि जब कभी प्यार से मुलाकात होगी
तो मैं सारी दुनिया की चिन्ताएँ छोड़कर
दफ्तर से अर्न्ड-लीव लेकर
उसके साथ पहाड़ों की सैर को चला जाऊँगा
शिखरों पर चढ़ूँगा
बर्फ पर स्केटिंग करता घूमूँगा
शाम की छाँहों में झील के निर्मल पानी पर
नाव की सैर करूँगा।

मैंने सोचा था
कि जब कभी प्यार से मुलाकात होगी
तो अपने सारे घर को गुब्बारों और झंडियों से सजाऊँगा
नौकर से कहूँगा
स्पेशल डिनर करने को

और फिर भोजन के उपरान्त
उसे अपनी सारी कविताएँ सुनाऊँगा
अपनी लम्बी जीवन-यात्रा के
चित्रों से सजे एलबम दिखाऊँगा
और अगर उसने
जरा भी उत्सुकता प्रकट की
तो अपनी असूर्यम्पश्या डायरी
खोलकर उसके सामने रख दूँगा।

पर मेरे प्यार !
भला मैं क्या जानता था
कि जब तुम फ़ोन करोगे
तब मैं बड़े साहब के साथ मीटिंग में लगा होऊँगा,
जब तुम अपनी कार में
मेरे घर आओगे
तब मैं सी.एच.एस. की क्यू में खड़ा होऊँगा।

सम्भवतः 1965-66

अगति-1

रोज सवेरे
मेरे लिए एक आश्चर्यलोक खोल देता है
अख़बार।

अरे ! कल तेरह एक्सीडेंट हो गए
और मुझे एक भी नहीं मिला ?

मैं जिस समय फ़ाइल में ज़रूरी रेफ़रेंस ढूँढ़ता था
ठीक उसी समय
लोकसभा में लोहिया मेरी तनख्वाह बढ़वाने में लगे थे !
वाह, वाह !!
सुपरबाजार में चीज़ें इतनी सस्ती मिल रही हैं
और मेरी बस का रूट कम्बख़्त बिलकुल उल्टी दिशा में है !

रामलीला मैदान में सवा लाख प्रदर्शनकारी थे—
किधर है यह रामलीला मैदान ?
लिबर्टी सिनेमा में
अपनी फ़िल्म के उद्घाटन पर
खुद फ़िल्म-एक्ट्रैस 'साधना' मौजूद थी
और मैं अपने बेटे को
अंग्रेजी कम्पोजीशन पढ़ाता रह गया !

नहीं, ऐसे काम नहीं चलेगा—
जिन्दगी को अख़बार बनाकर पढ़ते रहना !
कोई-न-कोई तो बता ही देगा वह रास्ता
जिस पर घटनाएँ मिलती हैं।

17.9.1966

अ-लगाव

कल तुम दंग रह गए थे
कि तुमने मेरी कविताओं की बुराई की
और मैं चुपचाप मुस्कराता रहा

कोई भी सफ़ाई दिए बिना;
यही नहीं,
बाद में मैंने जो डिनर खिलाया था
उसमें रस भी था, मिठाई भी
और तुम अपनी नींद-भरी आँखों को
अचरज से फाड़े ही गए थे।

पर भाई, इसमें अचरज की कोई बात न थी
क्योंकि मेरे नाम से जो छपी हैं
वे कविताएँ मेरी नहीं हैं।
जिन्दगी के कोल्हू में जुता हुआ मैं दुनियादार किरानी—
भला मैं कहाँ से लाऊँगा इतनी फुरसत और फुर्ती
जो एकान्त में बैठकर कविता रचा करूँ ?
मैं तो बस कभी-कभी अनुवाद करता हूँ
जब बच्चों की फीस या
बीवी को देने के लिए
अतिरिक्त पैसों की जरूरत पड़ जाती है !

ये कविताएँ तो मेरे एक दोस्त की हैं :
कॉलेज में वह मेरे साथ ही पढ़ता था
और तभी उसका एक शोख लड़की से
रोमांस लड़ गया था।
बाद में पता नहीं क्या बना,
मैं अपनी उलझनों में उसकी ख़बर क्या रखता ?
पर इतना जानता हूँ :
उसने न शादी की न नौकरी
पढ़ना भी छोड़ दिया

मेरे ही मोहल्ले के एक सड़े-से घर में
एक कोठरी किराए पर लेकर वह रहता है,
रात को अकसर वह छत पर टहलता नज़र आता है
और सवेरे कभी-कभी उसका फटा स्वर भी सुन पड़ता है !
उसके बाल अब सफेद हो गए हैं
देह दुबला गई है
गली के नुक्कड़ पर
या मेले-ठेले में
कभी मिलता है तो मुझे देखकर
उसके झुर्रीदार चेहरे पर एक फीकी हँसी आ जाती है,
और जब मैं घर में नहीं होता हूँ
तो वह चुपके से मेरी मेज़ पर
कविताओं का पुलिन्दा रख जाता है !

19.9.1966

टूटन

दफ्तर से घर लौटा तो देखता हूँ कि मुन्ना जोर-जोर से रो रहा है और पत्नी उसे चुप कराने में लगी है / उसकी हिलकियाँ बँध गई हैं / कभी हाथ-पैर पटकता है, कभी लोट-पोट होकर छटपटाता है / क्षण-भर मैं स्तब्ध खड़ा रहा, फिर अपना बैग कोने में पटककर / अपनी मजबूत बाँहों में उसे उठा लिया और उसकी गरम और कँपकँपाती देह को छाती से लगाकर उसे थपथपाने लगा / उसकी सुबकियों से मेरा शरीर झनझना रहा था, और उसके आँसू मेरी कमीज़ भिगो रहे थे / धीरे-धीरे जब वह कुछ शान्त हुआ तो मैंने पूछा : 'मुन्ने, क्यों रो रहे थे,

बेटा ?' / वह बोला : 'पापा, वह जो मौसी ने मुझे खिलौना दिया था न.... ।' / 'हाँ, हाँ, मैंने कहा, 'बड़ा सुन्दर खिलौना था वह' / 'वही', मुन्ना बोला, 'टूट गया !' /

तभी पत्नी कह उठीं : 'अरे पगले ! / देखूँ टूटा कहाँ है ? यह देख, ठीक तो है' / और उन्होंने मिट्टी का वह घुड़सवार उसे दिखाया जिसकी गर्दन और बाँहें और घोड़े का पेट सब टेप से चिपका दिए गए थे / पर उससे मुन्ने को कोई सन्तोष न हुआ, वह बोला : 'अब यह मेरे किस काम का है, इसकी तो शक्ल ही बिगड़ गई है' / और वह फिर हिचकियों से रोने लगा : 'मैंने तो तभी कहा था, मुझे इससे खेल लेने दो, / पर तुम नहीं मानीं, और ज़बरदस्ती ताक पर रख दिया' / 'तुम्हीं बताओ, पापा', उसने मुझसे कहा, 'क्या खिलौने ताक पर रखने के लिए होते हैं ?' / मैं उसे थपथपाता हुआ बाहर ले गया और कुछ कहना ही चाहता था कि मुझे लगा मुन्ने की गरम उसाँस से मेरी गर्दन पर एक टेप पसीज उठा है।

22.9.1966

आहट : डायरी का तीसरा पन्ना

(डायरी का पहला पन्ना 'ओ अप्रस्तुत मन !' में और दूसरा पन्ना 'अनुपस्थित लोग' में समाविष्ट है।)

(1)

न जाने क्यों
मेरे मन में यह वहम बैठा रहा है
कि जिस दिन मैं पैदा हुआ था

उसी दिन कहीं एक साँप भी जन्मा था
जिसके काटने से मेरी मौत बदी है।

छुटपन से लेकर आज तक
मैं लगातार
उसी अनदेखे, अनजाने के आतंक में जिया हूँ
और जब जीना दूभर हो गया है
तो धरती पर लेटकर
मैंने हाथ फैलाकर उसे पुकारा है :
आ रे आ, साँप, मुझे डस ले
तुझको भी छुट्टी मिले, मुझे भी।
पर हर बार मेरी पुकार बेकार गई है।
मेरी धड़कनों में जो सनसनाता रहा है
हर आहट पर कान जिसकी फुफकार सुनते हैं
वह आके नहीं दिया
और अब धीरे-धीरे
मेरा डर और मेरा इन्तजार
आपस में ऐसे घुल-मिल गए हैं
कि पता नहीं
मैं उससे बचने को व्याकुल हूँ
या उसे बुलाने को अधीर हूँ।

(2)

उसका यह आतंक ही मेरी वीरता का राज़ है।
कलकत्ता के जापानी 'एयर-रेड' में
मैं दिन-दहाड़े सूनी सड़क पर बेखटके
ऊपर गरजते विमानों को चिढ़ाता हुआ

कैसे चल पाया था जैन सा'ब[1] !
आप जान लें।
मार्च सैंतालीस के दंगों भरे दिनों में
अलीगढ़ के स्टेशन पर
अन्य-धर्मियों से भरे रेल के डिब्बे में
मैं क्यों निश्चल बैठ सका मिस्टर लाल[2] !
समझिए
मुझको यकीन था कि मेरी मौत ऐसे नहीं आएगी।

और मेरी बौखलाहट का भी यही राज है
भोपाल में साँपों की चर्चा से
मैं कैसा काँप उठता था माथुर सा'ब[3], याद है ?
रात को दो-तल्ले के कमरे के किवाड़ों की सन्ध में
मैं तौलिया ठूँसकर सोता था,
रज्जन[4] गवाह है।
बिन्दु[5] ही बताएँगी कि कितनी बार
सोते-सोते अचानक आहट से चौंककर
मैंने बिस्तर-खाट-अलमारी-दराज-मेज
सब जगह आहट के कारण को खोजा है।
अक्सर 'बाथ-रूम' में
सिर पर पानी लेते वक्त
में आँखें बन्द करने से झिझकता हूँ

---

1. कवि-मित्र श्री नेमिचन्द्र जैन।
2. बिजली मिल्स, हाथरस के अधिष्ठाता श्री रामबाबू लाल।
3. आकाशवाणी, भोपाल के तत्कालीन संचालक कवि-मित्र गिरिजाकुमार माथुर।
4. आकाशवाणी भोपाल के तत्कालीन उद्घोषक श्री रज्जनलाल श्रीवास्तव।
5. कवि-पत्नी डॉ. बिन्दु अग्रवाल।

शायद यही वह अद्वितीय, एकमात्र क्षण हो
और मेरी मौत इसी घात में
यहीं कहीं कोने में बैठी हो।

(३)

और इतना लिखने के बाद मेरे मन में
अभी-अभी यह ख्याल लपका है
कि क्या पता कहीं वह साँप
मायावी साँप हो
पल-पल में नया रूप बदलना जानता हो
तब मैं उसे कैसे पहचानूँगा !
जीवन की भाँति क्या मौत भी
मुझसे छल करेगी ?
सब जगह सब कहीं सब कुछ में
मैं जीवन मानकर
टटोलता भटका हूँ और निराश हुआ हूँ
अब क्या उसी तरह सब कुछ में
मैं अपनी मौत देखूँगा और निराश होऊँगा
हर शह को साँप समझूँगा ?

4.10.1966

वसीयत

भला राख की ढेरी बनकर क्या होगा ?
इससे तो अच्छा है
कि जाने के पहले

अपना सब कुछ दान कर जाऊँ।

अपनी आँखें
मैं अपने स्पेशल के ड्राइवर को दे जाऊँगा।
ताकि वह गाड़ी चलाते समय भी
फुटपाथ पर चलती फुलवारियाँ देख सके

अपने कान
अपने अफसर को
कि वे चुगलियों के शोर में कविता से न वंचित हों
अपना मुँह
नेताजी को
—बेचारे भाषण के मारे अभी भूखे रह जाते हैं

अपने हाथ
श्री चतुर्भुज शास्त्री को
ताकि वे अपना नाम सार्थक कर सकें

अपने पैर उस अभागे चोर को
जिसके, सुना है, पैर नहीं होते हैं

और अपना दिल
मेरी जान ! तुमको
ताकि तुम प्रेम करके भी पतिव्रता बनी रहो !

4.10.1966

कोट-सप्तक

मुझे उन लोगों पर बड़ा ताज्जुब होता है
जो एक ही कोट से काम चला लेते हैं :
मैं तो हरदम सात-सात कोट पहने रहता हूँ।

एक कोट मुझे पिताजी ने दिया है
(भगवान् उनकी आत्मा को शान्ति दे !)
और एक मेरे गुरु जी ने
(हाय, उन्हें दक्षिणा कब दूँगा ?)
एक कोट दिया है राष्ट्रपिता ने
(बोल, महात्मा गांधी की जय !)
और एक कोट राष्ट्रकवि ने
(सुनो स्वर्ग क्या है, सदाचार है
मनुष्यत्व मुक्ति का द्वार है।)
एक मेरे काम से प्रसन्न होकर मेरे अफ़सर ने
(हाय, कोट के बदले प्रमोशन क्यों न दिया ?)
एक, मेरी प्रेयसी ने
(किसी दिन हिम्मत करके उसका नाम लूँगा !)
और एक कोट मैंने एक-एक पैसा जोड़कर
खुद खरीदा है।
(नखखास, जिन्दाबाद !)

पर हाय री नई दिल्ली की ठंड !
जो सातों को भेदकर हड्डियों से टकराती है
और मैं हमेशा काँपता ही रहता हूँ।

22.11.1966

अब नहीं मिलेगा

हाँ, अब नहीं मिलेगा हमें वह अपना संसार
जिसमें सब चीजें होंगी
और सब अपनी जगहों पर सजी होंगी
लोग अपनी-अपनी जगहों पर
बैठे, खड़े, चलते या आराम करते होंगे
और एक मीठी धुन
पूरबी, पश्चिमी, शास्त्रीय और लोक संगीतों के
आदर्श अनुपात से
समुचित स्वरों में 'फेडर' से फूटती होगी।

हाँ, अब नहीं मिलेगा हमें यह संसार
यह टूटा क्रम अब किसी रूप से नहीं जुड़ेगा
और इसके अनगिनत टुकड़े
एक बुरी तरह बिखरी पहेली की भाँति
हमारे अलग-अलग हाथों में झूलते रह जाएँगे।
अब हम चाहे जितना चलें
हमे घर नहीं पहुँच पाएँगे
क्योंकि अब हरेक लाइन के हरेक खाने में
हमें नीचे घसीट लाने को साँप बने होंगे
और हमारा अगला दाँव खाली जाए या भरा
इससे फ़र्क नहीं पड़ेगा।

हम बड़े-बड़े नक्शों को जाँचकर
ऊबड़-खाबड़ को काटेंगे
और उस पर रास्ता बनाएँगे

पर वह रास्ता घूम-फिरकर
या तो 'स्विमिंग पूल' पर पहुँचेगा
या सेमिनार के उद्घाटन में।

कभी-कभी हम अचानक आशान्वित हो उठेंगे
और एक-दूसरे को प्यार करने लग जाएँगे
पर हरेक के पास अँधेरे की चादर होगी
और हमारी हँसी जुगनुओं की तरह
बेकार जलेगी और अचानक बुझ जाएगी।

कभी-कभी हम सब-कुछ को ठीक करने को सोचेंगे
और फिर ठीक सोचने पर खुश होकर
कुछ नहीं करेंगे।

कभी-कभी हमको गलती महसूस होगी
और हम पछताने को तैयार होने लगेंगे
पर तभी पाँच बज जाएँगे
और हमारा इरादा फाइलों में बन्द रह जाएगा।

और यों ही
इस झोली-सी फैली जमीन पर
और खप्पर-से औंधे आसमान के नीचे
हम अपने संसार की ओर हाथ उठाते रहेंगे
और खत्म हो जाएँगे।

27.11.1966

चीर-फाड़

(1)

जब-जब मैं अपने से बाहर निकलता हूँ
लगता है :
मानो कोई शून्य-यात्री
अधर में तैरता—
कहीं कोई टेक नहीं।
नीचे
दूर,
बहुत दूर
एक हरा पिंड—
शायद।
और मेरे चारों ओर
एक अपार विस्तार
न-कुछ का—
निश्चित।

अपने में बन्द रहो तो
लगता है :
एक सुरंग है
जिसमें मैं टोहता फिरता हूँ
और जिसके सिरों पर
एक-एक कुआँ है
अपनी खाल को
मैं किवाड़ की तरह खोलकर
एक कुएँ में उतर जाता हूँ।
सीढ़ियाँ

हारमोनियम के परदों की तरह
चिचियाने लगती हैं
और नीचे
मेरी एक लम्बोतरी परछाईं
जल में !
—या तेल के कढ़ाव में ?
अचानक
कुएँ में कहीं से निकलकर
काले-काले यमदूत
अट्टहास करते हुए
मुझे अपने पंजों में जकड़ते हैं
और मुझे वापस ले जाते हैं।
मैं आँखें बन्द करके चीख उठता हूँ :
'नहीं, नहीं, वापस नहीं जाऊँगा'
तभी मेरे सिर पर एक शहतीर टूटती है
और मेरे कानों में रौरव भर जाता है।

(2)

मैं मान क्यों नहीं लेता कि मैं हार गया हूँ
और यह जिन्दगी
जिसे मैं बार-बार
अपनी मुट्ठियों में भरने की कोशिश करता हूँ
मुझसे बहुत बड़ी है !
क्यों मैं रह-रहकर ऐसे कगार पर आ खड़ा होता हूँ
जहाँ नीचे एक गरजता समुद्र है
और भीतर एक कशमकश
जब कि मैं जानता हूँ मेरे पास कोई विकल्प नहीं है

—न नीचे कूद सकता हूँ
—न ऊपर स्थिर रह सकता हूँ ?

कहीं ऐसा तो नहीं है
कि मेरे बिना जाने ही
तुम मुझे ठेलते-ठेलते यहाँ तक ले आते हो ?
तो फिर यहाँ लाकर
मुझे छोड़ क्यों देते हो ?
—एक ही धक्के की तो कसर है ?

(3)

क्या फायदा हुआ दर्जा छह में यह पढ़ने से
कि कस्तूरी मृग के कुंडल में बसती है ?
मैंने पूरी जिन्दगी भटकने में बिताई है।
और अब सब ओर से विफल होकर
जब मैं अपना कुंडल चीर-फाड़ रहा हूँ
तो वह इस खोखल में मिलती क्यों नहीं ?
क्या वह उड़ गई या रिस गई
या कि मुझे बेहोश करके
कोई बहेलिया उसे पहले ही ले जा चुका है !
या
...और इस सम्भावना से ही मैं चरमराने लगता हूँ—
कहीं ऐसा तो नहीं है
कि मैं कस्तूरी मृग ही नहीं हूँ
और मेरी भटकन और चीर-फाड़
मात्र मेरा दम्भ है !!

(4)

मुक्ति ?
मैंने उसे दिव्यता का पर्याय जाना था।
हर जीर्ण बन्धन मैंने तोड़ दिया
हर नए फन्दे से बच-बचकर चला हूँ
धरती से चार अंगुल ऊपर चला है सदा मेरा यान
एकरथ
किन्तु कहाँ दिव्यता मिली मुझे ?
क्या यह मेरा खोखला हाहाकार मुक्ति है ?
रेत का यह अन्तहीन विस्तार रस है

लगता है :
मेरे भीतर कहीं कोई दक्षिणी पंडित है
तिलक-त्रिपुंडी रामनामी ओढ़े, सुमिरनी धरे,
शुचिता के मंडल में आबद्ध
असवर्णों की छाया तक से बचता हुआ
जो यह जान ही न सका हो—
कौन-से अनजाने निर्णायक क्षण में
उसके व्यवहार में से
धर्म का सार बीत गया है।
बचना नहीं जूझना ही
मुक्ति है
शुचिता है
धर्म है !

(5)

तुम ?
अपने इस एकान्त निजी जाँच-पर्व पर

कछुए की तरह अपने हाथ-पैर समेटकर
जब मैं अपने में स्थित होना चाहता हूँ—
तुम क्यों दिख जाते हो ?
जाने कब मैंने तुम्हें पराया समझकर
अपने से दूर कर दिया था ?
केंचुल-सा देह से उचालकर
खोखल-सा चोंच से विदारकर
चेहरे-सा नखों से खरोंचकर,
पर आज लगता है
तुमसे छुटकारे के सब प्रयत्न व्यर्थ हैं
और तुम अब भी जहाँ के तहाँ मेरे साथ चिपके हो
छठी उँगली की तरह जन्म-दत्त किन्तु व्यर्थ
मुझको कुरूप करना ही जानते हो तुम।
टेढ़ी नाक टेढ़ी सही फिर भी वह नाक है
साँस लेती, गन्ध पाती, माथे को ऊँचा भी उठाती है
—किन्तु छठी उँगली तो निष्प्रयोग बोझ है !
क्या करूँ तुम्हारा मैं ?
एक बार होकर तुम अनहुए होना नहीं चाहते
मेरे कर्म, मेरे लाभ, मेरे दान में तुम्हारा कहीं कोई योग नहीं
तो भी तुम्हें ढोता हूँ !

मैंने कब जाना था
कि यह निरी काल्पनिक रेखा
जो खेल-खेल में ही मैंने खड़िया से काढ़ी थी
खाई बन जाएगी ?
रेशम-सी पतली यह दूरी फलाँगने के यत्न में
जीवन चुक जाएगा !

(6)

मैंने तय किया था कि मैं नहीं होऊँगा
जब तक यह जान न लूँ मुझको क्या होना है
और मैं अपने होने को स्थगित कर
होने के विविध स्वरूप जाँचता रहा।
क्या-क्या नहीं छान डाला
क्या-क्या नहीं खूँदा है
कहाँ-कहाँ से नहीं घूमा
किस-किस से नहीं जूझा
कौन-सा है बियाबान जो नहीं रूँधा है !
भागा हूँ, रपटा हूँ, दौड़ा हूँ, घिसटा हूँ,
पिटा हूँ, रोया हूँ, झींका हूँ, चीखा हूँ,
क्या-क्या नहीं तोड़ा मैंने क्या-क्या नहीं फोड़ा है ?
कोई भी विकल्प कब जाँचे बिना छोड़ा है ?

पर क्या एक पल को भी मुझे यह ज्ञान मिला
मुझको क्या होना है ?
कोई प्रकाश नहीं बरसा आसमान से—
भक्त चाहे जो कहें
कोई कुल्हाड़ी नहीं निकली किसी कुएँ से—
नानी की कहानी कुछ भी रहे
कोई संकेत नहीं मिला कभी पंडितों से—
पोथे सब थोथे थे
और मैं चौकन्ना
विस्फारित आँखों में भरे हुए ज्वलन्त प्रश्न
पुरातत्व, इतिहास, राजनीति, दर्शन की चरखी में
चक्कर लगाता ही रहा हूँ

कि आज मुझे अचानक ज्ञात हुआ
होने की बात क्या
मैं तो हो चुका हूँ।

(7)

दिन-भर किसी उखड़े सैलानी की तरह
निर्जीव खंडहरों को भौचक निहारकर
जब मैं शाम को थककर घर आता हूँ
तो दर्पण के सामने खड़े होते ही
मैं अचम्भे में पड़ जाता हूँ।
अचानक देखता हूँ
मैं चतुर्भुज हो गया हूँ।
मेरे एक हाथ में बच्ची की गुड़िया है
दूसरे में बाढ़-पीड़ितों के लिए दान-पात्र
एक में कलम जिसकी स्याही सूख गई है
और चौथे में डमरू अपने भाई की खाल का !

मैं हड़बड़ाकर पटापट डमरू बजाता हूँ
हर डुगडुगाहट पर कमरे की दीवारें
सिमटी चली आती हैं।
मेरा दम घुटने को होता है
तभी दर्पण से निकलकर दो छोटे हाथ
चूड़ियाँ बजाते हुए मुझे घेर लेते हैं
और मैं उनकी गिरफ्त में बचाव जान
घिसटा चला जाता हूँ।
दर्पण के भीतर पेंचों से कसे हुए
मिनी-आसमान पर जब नज़र जाती है

तो ठगा रह जाता हूँ :
एक धड़हीन चेहरा मुँह फाड़े खड़ा है
उसके साँस लेते ही मेरे पाँव उखड़ जाते हैं
और तूफान पर सवार मैं उसमें समा जाता हूँ।

(8)

फिर रूपक ?
मुझको यह हो क्या गया है ?
रूपक के बिना क्या मैं सोच भी न पाऊँगा ?
लगता है रूपकों की नगरी में कैद मैं
खुद भी एक रूपक बन गया हूँ।
क्या मुझे इससे कभी निजात नहीं मिलेगी ?
क्या मैं इन अनगिनत परतों को छीलकर
कभी अपना सच्चा मन देख नहीं पाऊँगा ?
बहुरूपिया बने रहना ही क्या मेरी नियति है ?
कब तक मैं प्यार को फूल, और रोटी को खुशामद
और क्रान्ति को रेस्तराँ बनाता रहूँगा ?

कब तक मैं सुविधा की छत पर चढ़ा
कविता के बाँस से
जिन्दगी की कटी पतंग फाँसने का यत्न करता रहूँगा
और फिर घबराकर देखूँगा
कि वह सामने
मिट्टी में खेलते लड़कों के झुंड में जा पड़ी है
और वे गुत्थमगुत्था होकर उसकी चिन्दियाँ उड़ाते हैं !

1.1.1967/22.11.1968

परिदृश्य

(1)

जादूगर हैट में हाथ डालता है
और निकालता है एक लम्बे कानोंवाला खरगोश–
सम्बन्ध से क्या होता है ?
ड्राइवर ने जिस बोतल से शराब पी थी
वह अब भी साबुत है
और सड़क पर कुचली पड़ी है एक बुढ़िया।
सोना ने लिखा था : वह 'लव मैरिज' कर रही है
आज अखबार में खबर है
कि पुलिस उसकी खोज में है।
पिछले साल जिस सेठ पर मुकदमा चला था
उससे 'इलेक्शन फंड' में चन्दा लेने के लिए
मिनिस्टर साहब चार बार चक्कर काट चुके हैं।
नए पुल के रातोरात तीन टुकड़े हो गए हैं
एक टुकड़ा
बड़े साहब के यहाँ
'स्विमिंग पूल' में लगा है।
'अशोका होटल' में झूमती, 'ब्यूटी क्वीन' की टाँग
इन्द्रधनुष की तरह
'कॉटेज एम्पोरियम' तक तन गई है
और उस पर टँगे टेलीविजन से टपकती बूँदें
बिहार पर बरस रही हैं।

बैलूनों से लटकी दुकानें
ऊपर उड़ी जा रही हैं
और विदेशी खेतों की एक लम्बी कतार

पैराशूटों से नीचे उतर रही है।
'चैम्बर ऑफ कॉमर्स' को
चिराग-ए-अलादीन का फार्मूला मिल गया है
और एक अदृश्य जिन्न
अब बारी-बारी से
उद्योगपतियों की ड्यूटी बजा रहा है।

शान्ति-सम्मेलन में 'एनासीन' की गोलियाँ बँट रही हैं
गोदामों में मानवतावाद के बोरे चिने हैं
और प्लेटफार्म पर एकत्र स्वागत-समारोह-समिति
फूल-मालाएँ लिये
'परशुराम की प्रतीक्षा' में है।

(2)

क्या जरूरत है सब कुछ समझने की
समझना ही क्या सब कुछ है ?
कौन नहीं समझता है भूख
या सड़क
या त्रिभाषा-सूत्र ?
क्या फ़र्क है वेद-पाठी और आर्मी-कंट्रैक्टर में
दोनों की बेटियाँ 'ए' फिल्म देखती थीं
और दोनों भाग गई हैं।
समझ का छाता तानने से क्या होता है
जब बरसात आसमान से नहीं
योजना-भवन से हो रही है !
जब घर पर आकर मेम सा'ब देखती हैं
महरी 'एफ. एल'. धो रही है !

बच्चा रोता है तो माँ समझती है :
उसे दूध की जरूरत है।
पर जब 'मिल्क बूथ' बन्द मिलता है
तो माँ क्यों नहीं रोती?
मुन्नी का पर्स तक खो जाता है
पॉकेट बुक क्यों नहीं खोती ?
दो सौ रुपल्ली माहवार पर
बारह जनों का परिवार कैसे चलता है
समझकर क्या करोगे ?
क्या करोगे समझकर कि रात के दो बजे
मोहल्ले में किसकी कार आती है !
उस समझ में क्या धरा है
जो रह-रहकर छक्के छुड़ाती है ?

सारनाथ में दान-पात्र के पास खड़ी औरत ने
घूँघट में से कहा था :
'पुजारी जी क्या वोट का काग़ज नहीं देंगे ?'

बियाबान दोपहरी में
प्यास के मारे माँ का बुरा हाल हो गया है
और युधिष्ठिर हैरान हैं :
जो भी भाई पानी लेने जाता है
वहीं क्यों अटक जाता है ?
'फॉरेन एड' से यक्ष का क्या नाता है ?

मेरी बेटी पूछ रही थी :
"पापा, हमारी किताब में लिखा है—

'भारत एक कृषि प्रधान देश है'
इसका क्या मतलब है ?''

(3)

जगह, जगह, जगह
कहाँ है जगह ?
हरेक को जगह की तलाश है
जिस पर वह जम सके
जब चारों ओर धुँआ घुट रहा हो
या दुर्गन्ध
और जिस पर नाखूनों से वह अपनी अल्ल गोद सके।
जगह—
कँटीले तारों में कसी, फूलों में बसी
एक निछद्दम और न्यारी जगह !

जगह ही जगह है इस इतनी बड़ी दुनिया में
फिर भी सब जगह के लिए छटपटाते हैं
बेचारे प्रेमी-युगल
'इंडिया गेट' पर उघड़ने को मजबूर हैं
सड़क पर नहाते मजदूर हैं
सीढ़ियों में खोमचे लगते हैं
फुटपाथ पर रसोईघर।

क्लर्क बोला, 'सर !
प्रार्थना-सभा के प्रवचनों को दीमक चाट रही है
कहाँ रक्खूँ कहीं जगह नहीं है।'
साहब ने एक 'फ्रिज' का ऑर्डर दे दिया है।

बरामदों में दुकानें लगी हैं
तम्बुओं में स्कूल
छतों पर बगीचे
बस थोड़ी-सी जगह है कुतुबमीनार के नीचे !

(4)

शब्द-शब्द-शब्द
बचो ! बचो ! !

जनतन्त्र की टंकी फट गई है
और शब्दों का एक भयंकर रेला
अर्राता हुआ सबको निगलने आ रहा है।
किताबों के फुहारे
अखबारों की बौछार
भाषणों के परनाले
बहसों की नदियाँ
सेमिनार की नहरें
और विधान-सभाओं के पोखर
—सब उफन रहे हैं।
आकाशवाणी के पाइप छूट रहे हैं
और लोग कानों तक डूब गए हैं।
गाँव और शहर
गलियाँ और सड़कें
खेत और कारखाने
घर और दफ्तर सब पानी पर तैर रहे हैं—
हर चीज हर चीज से टकरा रही है।
शब्दों के इस सैलाब में
योजनाओं की फाइलें और इतिहास के पन्ने

भविष्य के अनुमान और विज्ञान के प्रबन्ध
बहे चले जा रहे हैं।
कुछ पता नहीं कि हम क्या हैं, कहाँ हैं !
यह डल लेक है या ट्रौम्बे का रिएक्टर
हाजी पीर पास या ऊटी का जेलखाना
इंसान या राशन कार्ड !

कल एक बड़े पुराने साथी से भेंट हुई।
बोले, 'क्रान्ति !'
मैंने कहा, 'क्रान्ति !'
और दोनों हाथ हिलाते रेस्तराँ में जा बैठे।

(5)

अपनापन कौन चाहता है ?
कुछ और बनने की धुन में
सब बेतहाशा दौड़े चले जा रहे हैं
एक खिसकते शहर की ओर
जिसकी बिजली फेल हो गई है।
एक बहुत बड़ा ट्रांजिस्टर
बादलों में बज रहा है
और पौहे चराते बच्चे
उसे लग्गी से गिराने में लगे हैं।
दन्तकथाओं के दैत्य की तरह
सबने अपनी-अपनी आत्माएँ
पिंजड़ों में बन्द करके
कुओं में डाल दी हैं
और अब सब हलके महसूस करते हैं।
अनगिनत हाथ

‘बैलट बॉक्स’ से निकलकर
तक्षक की शक्ल में
इन्द्रासन से लिपट गए हैं
और सिनेमा की ‘क्यू’ में खड़े
हथकटे लोगों के हुजूम पर
ट्यूबवेल हँस रहे हैं।

एम.पी. की बेटी बिहू नाच सीख रही है
नर्तकों का एक डेलीगेशन बाहर जाने वाला है।
कला-प्रदर्शनी की एक रंगीन चिड़िया
रवीन्द्र-भवन के पिंजड़े में पाली गई है
और नाजुक हाथ उसे ‘इंपोर्टेंट’ दाने चुगा रहे हैं।
लम्बे बालों और पतली पतलून वाले
आर्टिस्टों का एक दल
सिगार पीता हुआ
वाग्देवी की मूरत के टुकड़ों से
पालम एअरपोर्ट पर अल्पना चीत रहा है।
मन्दिर की लाट पर
गीता खोद दी गई है
और फुटपाथ पर पीली किताबों का ढेर लगा है।
खेत से उठाकर किसान को हल-बैल समेत
विज्ञान-भवन की दीवार पर लटका दिया गया है
और बालियाँ लोहे की हो गई हैं

संसद-भवन में शहद का एक छत्ता लगा है
जिसकी मक्खियाँ फूलों से नहीं
घावों से मधु चूसती हैं

और रानी-मक्खी कुछ नहीं करती
बस मिंक कोट पहनती है।
पछुआ से मतियाकर सब आधुनिक हो गए हैं
कोई ट्विस्ट कर रहा है
कोई ब्लू फिल्म देख रहा है
और किसी को 'मारिह्वाना' की पड़ी है।
विशेषज्ञों की एक विशाल टोली
खोए हुए कुतुबनुमा की खोज में
विश्व-भ्रमण कर रही है
राजनीतिक पार्टियाँ
कनॉट प्लेस के एक-एक खम्भे को बजाकर देखती हैं
—नरसिंह किसमें से प्रकट होंगे !
और प्रहलाद
स्वेतलाना का जाप कर रहा है।

एक जंग-खाई कील निरन्तर चुभती रहती है
जिसका नाम है अन्तःकरण—
गांधी !
लगता है टूरिस्ट हो !
लो, यह माल्यचक्र उठाओ और राजघाट हो आओ
अभी चैन पड़ जाएगा।
चाहो तो दो साल बाद चक्कर लगा जाना—
शताब्दी मनाएँगे।

(6)

जन्माष्टमी की रात के बारह बजे
जब घंटे बज उठते हैं

तब क्या जनमता है :
कृष्ण ?
विश्वास ?
या कविता ?
कितना अच्छा लगता है यह ऐन उसी क्षण उसका होना
जिसकी बाट में जब सब रहते हैं
उम्मीद एक नाम है मीठा
उसे 'कोकाकोला' की तरह पीने के लिए
लेकिन 'स्ट्रॉ' कहाँ है ?
और भूत के न आँखें होती हैं न हाथ
होती है एक आक्षितिज अहल्या चीख
जो स्पुतनिक की तरह धरती का चक्कर लगाती है :
ब्लीप–ब्लीप–ब्लीप–
उसके त्रिशंकु पर गऊमाता बनी है।

एक बहुत बड़ा रास्ता है–समान और प्रशस्त
जिस पर पूरे पचास करोड़ आदमी खड़े हैं
झंडों और नारों से आसमान को चिढ़ाते।
भीड़ के मारे तिल धरने को जगह नहीं है
भीड़–
भीड़ के पीछे एक और विराट भीड़
भीड़ के आगे नज़र को पछाड़ती भीड़
भीड़ के अगल में भीड़
भीड़ के बगल में भीड़
हरेक का मुँह हरेक की तरफ है
हरेक की आँखें हरेक को घूरती हैं
हरेक की बाँहें हरेक से उलझी हैं

हरेक के पैर हरेक से टकराते हैं
हरेक आदमी हरेक को भेंटता है
हरेक आदमी हरेक पर गिरा पड़ता है !
हरेक आदमी रास्ते पर खड़ा है
और हरेक आदमी रास्ता पूछ रहा है
हरेक आदमी से !

1.5.1967

चोट

नहीं, वह बाहरी चोट तो किसी हालत में न थी, मैं कई दिनों से निकला ही न था घर से/घर में बन्द मैं लिखता--नहीं लिखता क्या–बुनता रहा था एक शब्द-जाल जिसके धागे मेरे दिल या दिमाग से नहीं, सामने और आस-पास खुली किताबों के ढेर में से निकल रहे थे/और मैं काफी परेशान-सा था/लगता कि जुलाहा हूँ/और मेरी मेज एक करघा/और हर बार आठ घंटे बीतने पर सोचता कि शायद अभी कहीं घंटा टनटनाएगा और मैं पसीना पोंछता घर चल दूँगा/तभी वह चोट आई/बेशक, बाहर से नहीं/क्योंकि न मुझे कोई हाथ दीखा, न हथौड़ा न और ही कुछ जिसमें से चोट निकलती है/ पर वह आई जरूर क्योंकि मेरा शरीर सुन्न पड़ गया/और मेरे हाथों में उलझे तार एक बदसूरत लच्छी बन गए और मैं सन्नाता रह गया। और मैंने सोचा कि वह एक होता है न, वह...हाँ...कछुआ ! अरे मैं वह कछुआ क्यों न हुआ, क्यों हुआ मैं यह लम्बा-चौड़ा मगर सचमुच में मुट्‌ठी-बन्द इंसान जिसे कोई भी चोट डाक-टिकट की तरह चपटा कर जाती है, काश मैं वह कछुआ होता तो इस समय मजे से

अपने भीतर दुबककर बैठ जाता, और यह न दीखने वाली चोट भी मुझे देख न पाती और मुझे तलाशती मेरे चारों ओर चक्कर लगाती रहती जैसे...जैसे मैं अभी इसके चक्कर लगा रहा हूँ और यह सोचकर मैं हँसा कि वह दृश्य कितना देखने लायक होता/कि अचानक मेरी हँसी बीच में ही कट गई (जैसे सिनेमा में कभी-कभी रील कट जाती है) और मैंने कहा—नहीं शायद कहा नहीं, किससे कहता ?—मैंने सिर्फ सवाल किया है कि—खब्त ही समझिए—कि क्या सुबूत है कि तुम कछुआ नहीं हो ? वह एक कछुआ जो उस एक नदी के उस एक गड्डे में पड़ा मजे कर रहा है। हाँ, सच क्या सुबूत है कि तुम यहाँ हो इस देह में जो तुम सोचते हो कि तुमने धार रखी है पर हो सकता है कि इसी में एक कछुआ रहने लग गया हो क्योंकि तुम तो उस कछुए में हो। हाँ, अब मैंने जरूर कहा क्योंकि अब मैं रह सकता था क्योंकि अब था मैं, और वह कछुआ था कछुआ, जिससे मजे में संलाप चल सकता था/ सो मैंने कहा कि नहीं, सुबूत मेरे पास कुछ नहीं हैं, सिवाय इस चोट के जो मुझे लगी है, और जो मैं कछुआ होता तो मुझे कैसे लगती ? पर फिर मैंने यह सोचकर कि क्या पता, मैं यहाँ नहीं वहाँ उस कछुए में ही होऊँ, जोड़ा—पर हाँ, इसका भी क्या सुबूत है कि कछुए के चोट नहीं लगती बशर्ते कि वह चोट बाहर से नहीं, भीतर से आई हो !

19.9.1967

आप मेरा क्या कर लेंगे ?

आप क्या करेंगे मेरा अगर मैं यह जो सामने लैम्प रखा हुआ है इसे कह दूँ/ कि यह भारतीय गणतन्त्र है ? बिना यह बताए

कि यह करेंट मारता है ? तो भी आप मेरा क्या कर लेंगे ? सच, क्या कर सकते हैं आप मेरा अगर कल मैं अचानक यह तय कर लूँ कि मैं डी.टी.यू. का इस्तेमाल नहीं करूँगा और फिर क्यू फाँदकर चलती बस में चढ़ जाऊँ बताइए, यह कैसे जरूरी है कि आपकी योजनाओं से मुझे तकलीफ़ हो जब कि मैं यूनिवर्सिटी में भरती होना ही नहीं चाहता ? आप चाहे मुझे फ़िल्म-फ़ैस्टिवल का निमन्त्रण दें या लाटरी का इनाम ? पर आप दे ही सकते हैं/मेरा कुछ बिगाड़ नहीं सकते/क्योंकि आप कितना ही परिवार-नियोजन सुनाएँ मैं विज्ञापन-कार्यक्रम पर कान लगाए रहूँगा/आपकी मर्जी है आप छाप दें अखबार में हर सुबह अपनी या उनकी या उनकी तसवीर मुझे आप आठ बजे उठने से नहीं रोक सकते ! आप मेरे सुख की चिन्ता करके मुझे तंग करने पर तुले हैं/पर मैं ठीक जानता हूँ कि उससे मुझे कोई सरोकार नहीं क्योंकि अभी मेरी भाषा का विकास कहाँ हुआ है ? हो सकता है, आप मुझसे सहमत न हों/ पर असहमति कोई अश्रु-गैस नहीं है कि मैं भाग कर गली में छुप जाऊँ !

31.7.1969

हर बार यही होता है

हर बार यही होता है / हर बार उम्मीदें बाँधी जाती हैं और वायदे किए जाते हैं / हर बार लगता है कि अब / हाँ, अब आ गया वह ऐतिहासिक क्षण जो एक पुल बन जाएगा और जिस पर सब लोग बिना अनुवाद के चल सकेंगे / पर फिर आखिर में हर बार यही होता है कि सारी उम्मीदें और सारे इरादे लाटरी के टिकट बन जाते हैं / और मन की मकड़ी जाला ताने

बैठी रहती है एक झाड़न के इन्तजार में जो किसी भी ग्रीटिंग कार्ड में नहीं मिलता / अपने सर पर एक कारखाना लादे मैं दिन-भर फाइलों की सीढ़ियों पर चढ़ता रहता हूँ जब कि मेरा सर्वांग चूर-चूर होकर चुनाव-चिन्ह बन जाता है।

कितनी झूठ थी वह कहावत जो मैंने बचपन में सुनी थी कि एक हाथ से ताली नहीं बजती अहमदाबाद और बम्बई में एक-एक हाथ की गड़गड़ाहट में कनॉट प्लेस के होटलों मे डांस करती मिस बी. यानी भविष्य कुमारी बेहोश हो गई है / कितना आसान है धर्म-मार्ग पर चलना अगर आपका घर चाणक्यपुरी में हो, शतरंज के खाने में नहीं / आयोजनों की फूल-मालाओं से इतना लद गया है मेरे देश का नक्शा कि अब वह दिखाई नहीं देता / और हरी क्रान्ति के लिए हर खेत में टाइपराइटर और हर मोहल्ले में एस्प्रेसो प्लांट बैठा दिए गए हैं / कल रात नए साल के पहले पल में जब समाजवाद नारों की पोटली बगल में दबाए हवाई जहाज से पालम पर उतरा तो मुझसे बोला : 'यह हल यहाँ क्यों पड़ा है ? दोनों बैल कहाँ गए ?' मैंने हँसकर कहा : 'आपको भ्रम हुआ है हल कोई भी कहाँ है हमारे यहाँ ? हाँ, एक ड्राफ्ट जरूर है पर वह अभी फाइनलाइज नहीं हो पाया है क्योंकि सारे इंजीनियर जन्तर-मन्तर की ईंटें गिन रहे हैं। आज सवेरे एक कटी हुई पतंग मेरे आँगन में आ गिरी जिस पर चाँद के टुकड़ों की तस्वीर बनी थी / मैंने उसे अपने किचिन गार्डन में बो दिया है / अब जब वह फैलेगी तो मैं उससे एक हारमोनियम बनाऊँगा। घंटी टुनटुनाता हुआ जो गली-गली बुढ़िया के बाल बेचता था मैंने उसे बुलाकर पूछा : 'तुझे मालूम है, आज नया साल है ?' वह बोला : 'नहीं तो, अभी उसका राष्ट्रीयकरण कहाँ हुआ है ?' विक्रम, हिजरी, ओणम, पोंगल की

भूलभुलैया में भटकता एक रंग-बिरंगा कैलेंडर मेरा दरवाजा खटखटा रहा है 'मुबारक हो !' उसे क्या पता, मैं मुबारक नहीं इंटेलेक्चुअल हूँ / और मेरा हरेक से मतभेद है।

1.1.1970

निरापद

हमने अपना एक निरापद संसार गढ़ लिया है
और विश्वामित्र के तजुर्बे से सबक सीखकर
उसे चुनौती नहीं बनने दिया है
हम चाहें तो उसे प्रतिसंसार भी कह सकते हैं
यद्यपि उससे कोई फ़ायदा नहीं
क्योंकि हम संसार को नकारने के फेर में नहीं हैं
हम उसे घटाने की कला जानते हैं।
आपने देखा ही होगा कि हमने क्रान्ति को
पार्कों और फव्वारों में घटा लिया है
और समाजवाद को लाटरी के टिकटों में,
आधुनिकता को हम फ़िल्मों में उतारकर निश्चिन्त हो चुके हैं।
और विकास-योजना को टेलीविजन के टावर में !
हाल ही की तो बात है–
बांग्लादेश की विभीषिका ने हम पर बड़े जोर से धावा बोला था

तब आपने देखा नहीं हम कितने तत्पर हो गए थे–
कितने उत्तेजित और सक्रिय :
हमने घर-घर परचे बँटवाए
भवन-भवन में चैरिटी-शो किए

हर चौराहे पर घोषणा-पत्र चिपकाए
और जब मुक्ति-फ़ौज ने अपनी जान की बाज़ी लगाई
तो हमने उसे सर्व-सम्मति से पारित प्रस्तावों में
कितनी मुस्तैदी से उतार लिया !
कुछ लोग जरूर ऐसे थे जो परेशान हो गए थे
(शायद वे इतिहास में अपना नाम जोड़ने को उत्सुक थे)
पर हम जानते थे कि घबराने की कोई बात नहीं
क्योंकि हमने संसार के खम्भे जान-बूझकर ढीले रक्खे हैं
ताकि वे लचकते रहें, दचकें नहीं।
संघर्ष, मुकाबला, टकराहट—इस फूहड़पन की क्या जरूरत है
जब हम हवाई हमले के भोंपू को
रोज़ नौ बजे बजाकर
उसे दफ्तर की घंटी बना सकते हैं !

23.11.1971

पतित-पावनी

ग़जब का शोर था, बड़ी धूमधाम थी, वातावरण थर्राने लग गया था उस शंख के निर्घोष से, दूर-दूर तक उमंग छा गई थी कि भगींरथ धरती पर गंगा उतार लाए हैं / लोग टूटे पड़ रहे थे, उत्साह से नाचने लगे थे कि अब मिटा—अब मिटा सागर-पुत्रों का वह घिनौना अभिशाप; सब गाते-बजाते चल पड़े थे स्वर्ग की उस नदी के दर्शन करने / रास्ते में ऐसे भी भाग्यवान मिले जो उसके दर्शन करके लौट रहे थे / लोग उन्हें घेरकर खड़े हो जाते, बच्चे किलकारी मारते, सब जय-जयकार करते, और पूछते : कैसी है—कैसी है वह पवित्र नदी ? कहाँ है यहाँ कब

तक आएगी ? / उनकी आश्वासन-भरी मुस्कराहट ही कह देती थी कि अब देर नहीं है / तब फिर नदी की अगवानी के लिए संगमरमर के घाट बने, देश-विदेश के कारीगर आए उन पर पच्चीकारी करने, सेठों ने पत्थरों पर अपने और अपने माता-पिता के, अपनी धर्म-पत्नी और अपने रिश्तेदारों के नाम खुदवा दिए, भक्तों ने घंटे-घड़ियाल चमकाए, सैलानियों ने चन्दन की नौकाएँ बनवा लीं, नई पीढ़ी के मनचलों ने 'स्विमिंग क्लासेज़' 'जॉइन' कर लीं और घाटों के किनारों की ज़मीनों के दाम रातोरात अनाप-शनाप चढ़ गए / और तब कुछ ही दिनों में अफ़वाहों का बाजार गर्म हो गया, सुनने में आया कि एक दिन अचानक भगीरथ लोप हो गए और उनका शंख फैल-टूटकर टपोरशंक हो गया / होते-होते वह इतना भारी हो गया कि उसको बजाना तो दूर, उसको उठाना भी दूभर था / तब नैर्ऋत्यदिशा से इंजीनियर बुलाए गए और वायव्य दिशा से क्रेनें मँगवाई गईं, और बरसों के उद्योग और आयोजन के बाद वह शंख एक सतखंडे स्तम्भ पर रख दिया गया और उस पर 'फ्लडलाइटें' लगा दी गईं ताकि सैकड़ों योजन दूर से भी दिन-रात दिखाई देता रहे / और पुराने जमाने के लोग नई सन्तति को बताते : वह देखो, वह रहा शंख जिसे बजाकर भगीरथ स्वर्ग की गंगा को धरती पर लाए थे और जो अब यहाँ आने ही वाली है / पर पूरा एक युग और पूरी तीन पीढ़ियाँ बीत गईं फिर भी वह प्रकट नहीं हुई / रह-रहकर आपस में कानाफूसी होती रहती है कि पतित-पावनी आ तो गई है पर बीच रास्ते में ही कहीं किसी काग़ज के व्यूह में पतित हो गई है वैसे इसमें ताज्जुब की कोई बात नहीं क्योंकि मैंने भूगोल में पढ़ा है कि बहुत-सी नदियाँ होती हैं जो समुद्र में नहीं गिरतीं, और कुछ ऐसी भी होती हैं जो कहीं नहीं गिरतीं सिर्फ सूख जाती हैं / ताज्जुब अगर हो

सकता है तो बस यही कि वह बरसों पहले पढ़ी भूगोल की बात थी और यह आज के इतिहास की बात है।

9.8.1972

एक सांस्कृतिक चूहे की कुतरन–1

एक सांस्कृतिक चूहे की तरह
कुतरता रहा हूँ
कभी लोक-प्रथाएँ, कभी इतिहास के पन्ने
और कभी सड़क दुर्घटनाएँ
पहले मित्र बनाए
और फिर परिवार
बरसों एक राजनीतिक पार्टी के बनाने में मशगूल रहा
दफ्तर में अफ़सर बनाता रहा
और शामों को एक साहित्यिक संस्था
पर अब सोचता हूँ यह सब बनाना छोड़कर
अगर मैं खुद कुछ बन सकूँ।

सम्भवतः 1973

एक सांस्कृतिक चूहे की कुतरन–2

मैं जानता हूँ कि अब देर नहीं है।
अँधेरी रात में
पिंजड़े के चारों ओर उछलता-कूदता

अपने थूथन से भीतर पड़े रोटी के टुकड़े में दाँत मारने की
असफल कोशिश करता हुआ
मैं इस निष्कर्ष पर पहुँच गया हूँ कि अब देर नहीं है।

हाँ, अब देर नहीं है
मैं कितना ही क्यों न उछलूँ, कितना ही क्यों न तड़पूँ
भूख से बिलबिलाता हुआ मैं खुद की अपनी उपमा क्यों न बन
जाऊँ
मैं उस क्षण को अब ज्यादा देर तक नहीं टाल सकता
जब मैं भविष्य की तरफ से आँख मूँदकर
इस पिंजड़े में घुस जाऊँगा
और रोटी के इस टुकड़े से पेट भरते-न-भरते
मौत के घाट उतर जाऊँगा।
यानी मैं जानता हूँ कि मौत तो निश्चित है, निर्विकल्प है—
विकल्प अगर है मेरे पास तो सिर्फ़ इतना ही
कि बाहर भूख से तड़प-तड़पकर मरूँ
या पिंजड़े के भीतर पहुँच कर भरपेट मरूँ।

पर नहीं, शायद अभी एक विकल्प और है।
काश, मुझे कहीं से कुछ ऐसी चीज मिल जाती :
कोई कील, कोई तीली, कोई सींक, कोई छड़ी
जिसे अपने दाँतों में दबाकर मैं यह रोटी का टुकड़ा
बाहर ठेल सकता
तो बात बन जाती।

असल में इतनी कुतरन के बाद
अब जाकर मेरे हाथ आया है यह भीतरी रहस्य
कि मैं इस अँधेरी कोठरी से भागकर

जंगल में क्यों नहीं चला जाता :
मुझे अब भी जादू की छड़ी का इन्तजार है।

18.8.1973

तुक्तक

(1)

तीन गुण हैं विशेष कागज़ के फूल में
एक तो वे उगते नहीं हैं कभी धूल में
दूजे झड़ते नहीं
काँटे गड़ते नहीं
तीजे, आप चाहें उन्हें लगा लें बबूल में !

(2)

बारह बजे मिलीं जब घड़ी की दो सुइयाँ
छोटी बोली बड़ी से, 'सुनो तो मेरी गुइयाँ
कहाँ चली मुझे छोड़ ?'
बड़ी बोली भौं सिकोड़,
'आलसी का साथ कौन देगा, अरी टुइयाँ।'

(3)

देश में अकाल पड़ा, नाज हुआ मँहगा
दादी जी ने गेहूँ लिया बेचकर लहँगा
लेने गई चक्की
पड़ोसिन थी नक्की
बोली इतरा के, 'मांई येंहां नेंई हेंगा।'

(4)

तानपूरा लेकर वे करते थे साधना–
''सासा रेरे गागा मामा पापा धाधा धाधना !''
बड़े थे घराने के
उनके तराने के
बोल थे विचित्र, ''राधे ! दाल मत राँधना !''

(5)

शौक था रेडियो से देंगे एक वार्ता
कहीं भी मिला न चांस पहुँचे जकार्ता
लेकिन हैरानी थी
भाषा अनजानी थी
पन्द्रह मिनिट तक बोले दो हजार 'ता' !

(6)

काशी का गवैया, नाम उसका था, दुर्गा
कोयल मिली नहीं तो पाला एक मुर्गा
नित्य भोजनोपरान्त
साध स्वर स्निग्ध शान्त
कहता पुचकार, ''बेटा, मधुर्मधुर्गा !''

(7)

मोती ने दिए थे एक साथ सात पिल्ले
दो थे तन्दुरुस्त और दो थे मरगिल्ले
एक चितकबरा था
और एक झबरा था
सातवें की पूँछ पे थे लाल-लाल बिल्ले !

(8)

गाय बोली बैल से, "क्यों छेड़ते हो भाई
जानते हो, कहते हैं सब मुझे माई ?"
बैल बोला, "धत्त रे ?
मारूँगा दुलत्त रे ?
मैं भी हूँ चौपाया, और तू भी है चौपाई।"

(9)

नींद भी न आई और गिने भी न तारे
गिनती ही भूल गए बिरहा के मारे
बड़ी देर जागकर
गुणा और भाग कर
ज्यों ही याद हुई त्यों ही डूब गए सारे !

(10)

रास्ते में मिला जब अरोड़ा को रोड़ा
थाम के लगाम झट रोक दिया घोड़ा
उठाया जो कोड़ा
घोड़ा ने झिंझोड़ा
थोड़ा हँस छोड़ा, घोड़ा अरोड़ा ने मोड़ा !

(11)

दो फुट के जवान, देखने में बस पिद्दी
पर व्यवहार में थे जबर्दस्त जिद्दी
कहते, "हिन्दू-मुसलमान
लड़वाते भगवान्
एक को मन्दिर दिया, एक को मसजिद दी !"

(12)

आई थी शहर में बरात गुजरात से
दमक रहे थे दूल्हे जी जवाहरात से
फेरे पड़े गई बहू
मानो परी थी हू-ब-हू
जूझना उसे भी पड़ा चूल्हे और परात से।

(13)

आई थी जापान से जो एक यहाँ गीशा
उसने पसन्द किया जयपुर में शीशा
पूछा जब, "क्या है दाम ?"
सेठ बोला, दिल थाम,
'पूरे सौ रुपया, कम नहीं एक पीशा !"

(14)

नर्तकी थी मशहूर गुलजान बाई
भाई उसका था पर एक नानबाई
हुआ जब झगड़ा
भाई पड़ा तगड़ा
"भूल जिन जैहौ, केहिकर मकान बाई !"

(15)

लौटे जब गंगा-तट देखकर संघाराम
खाने लगे बिस्किट सपत्नीक मंघाराम
फिर किया असनान
पूजा-पाठ ज्ञान-ध्यान
अकस्मात् पत्नी बोली, "हाय कहाँ कंघाराम !"

(16)

चौबेजी गए थे एक बार कलकत्ता
जल पीने नल खोली, पानी मिला तत्ता
घूमने को एक शाम
ट्राम चढ़े ले के नाम
लौटे तो नौकर लुप्त लेके माल-पत्ता !

(17)

तिवारीजी एक बार गए जब जौनपुर
प्रश्न किया एक से, "है भैया यह कौनपुर ?"
नाम सुन बमके
दोनों नेत्र चमके
"जौन यदि यह है तब कौन पुर तौनपुर ?"

(18)

टालीगंज रहते थे फूलचन्द छावड़ा
फूलों का था शौक लिये फिरते थे फावड़ा
बीज कुछ पूने के
आए थे नमूने के
माली बुलाने गए पैदल ही हावड़ा !

(19)

देहली के सेठ रामसागर बरौलिया
सदा साथ रखते थे एक बड़ा तौलिया
झोला वही, थाल वही
शाल और रूमाल वही
वही बोरा बना जब चावल या जौ लिया !

(20)

आए थे प्रयाग जब मोतीलाल रुइया
लोकनाथ होके गए थे अतरसुइया
दीखा हलवाई
माँजता कढ़ाई
दूध जो खरीदा, पड़ी मिली बिस्तुइया !

(21)

एक दिन शंकर से पूछने लगीं उमा,
"देखा है क्या आपने कभी भी कुतुबनुमा ?"
बोले चट आशुतोष
"देख लो उठा के कोश
सच मानो यह तो है त्रिशूल का ही तर्जुमा !"

(22)

बनारस आए जब मिस्टर ओंकारनाथ
बोले, "लगे हाथ चलो देख आएँ सारनाथ"
पहुँचे जब सिगड़ा
गहरेबाज बिगड़ा
आँख मींच हाथ जोड़ बोले, "ले उबार नाथ !"

(23)

माचिस बजाने का था उनका निराला ढंग
जो भी देखता था उन्हें वही रह जाता दंग
ढोल और चंग मात
तबले की क्या बिसात
कहते थे तपाक से वे उसे 'डिबिया तरंग' !

(24)

नागपुर के बजाज मिट्ठन बाजोरिया
बेचते थे लंकलाट, छींट और डोरिया
भक्त थे भोपाल के
लड्डू गोपाल के
रेशम जापान की वे भेजते थे कोरिया !

(25)

भक्त बोला : "भूतनाथ ! इतनी दया करो
जितने भी वृक्ष हैं, सभी को विजया करो
रोज छनती रहे
मौज मनती रहे
चरणों के घोंसले का मुझको बया करो"

तुक्तक एवं मुक्तक

(आत्मकथा की झाँकी)

मैं जिसका पट्ठा हूँ
उस उल्लू को खोज रहा हूँ।
डूब मरूँगा जिसमें
उस चुल्लू को खोज रहा हूँ।

●●●